A EXPERIÊNCIA COMO FATOR DETERMINANTE NA REPRESENTAÇÃO ESPACIAL DA PESSOA COM DEFICIÊNCIA VISUAL

FUNDAÇÃO EDITORA DA UNESP

Presidente do Conselho Curador
Herman Voorwald

Diretor-Presidente
José Castilho Marques Neto

Editor Executivo
Jézio Hernani Bomfim Gutierre

Conselho Editorial Acadêmico
Antonio Celso Ferreira
Cláudio Antonio Rabello Coelho
José Roberto Ernandes
Luiz Gonzaga Marchezan
Maria do Rosário Longo Mortatti
Maria Encarnação Beltrão Sposito
Mario Fernando Bolognesi
Paulo César Corrêa Borges
Roberto André Kraenkel
Sérgio Vicente Motta

Editores Assistentes
Anderson Nobara
Arlete Sousa
Christiane Gradvohl Colas

SÍLVIA ELENA VENTORINI

A EXPERIÊNCIA COMO FATOR DETERMINANTE NA REPRESENTAÇÃO ESPACIAL DA PESSOA COM DEFICIÊNCIA VISUAL

© 2009 Editora UNESP

Direitos de publicação reservados à:
Fundação Editora da UNESP (FEU)
Praça da Sé, 108
01001-900 – São Paulo – SP
Tel.: (0xx11) 3242-7171
Fax: (0xx11) 3242-7172
www.editoraunesp.com.br
feu@editora.unesp.br

CIP – Brasil. Catalogação na fonte
Sindicato Nacional dos Editores de Livros, RJ

V576e

Ventorini, Silvia Elena
  A experiência como fator determinante na representação espacial da pessoa com deficiência visual / Silvia Elena Ventorini. - São Paulo : UNESP, 2009.
  il.
  Inclui bibliografia
  ISBN 978-85- 7139-926-6

  1. Crianças deficientes visuais - Educação. 2. Capacidade motora em crianças. 3. Inclusão escolar. 4. Educação especial. I. Título.

09-2532
CDD: 371.911
CDU: 376.33-053.2

Este livro é publicado pelo projeto Edição de Textos de Docentes e Pós-Graduados da UNESP – Pró-Reitoria de Pós-Graduação da UNESP (PROPG) / Fundação Editora da UNESP (FEU)

Editora afiliada:

A minha mãe (in memoriam) com amor, respeito, admiração e saudades.

Nota da autora

Este livro foi idealizado a partir do estudo da organização espacial de um grupo de alunos cegos e de baixa visão que frequentavam aulas na Escola Municipal Integrada de Educação Especial Maria Aparecida Muniz Michelin – José Benedito Carneiro – Deficientes Visuais e Deficientes Auditivos (DV/DA), localizada no município de Araras, interior do estado de São Paulo.

O estudo iniciou-se no ano 2000, período em que cursava o primeiro ano letivo do Curso de Licenciatura em Geografia da Unesp – Campus de Rio Claro. Desde esse ano, sob a orientação da professora doutora Maria Isabel Castreghini de Freitas, venho refletindo sobre como as pessoas com deficiência visual percebem e organizam seu espaço, como relacionam a localização de um objeto à localização de outro dentro de um ambiente. Além disso, venho considerando como esses alunos podem utilizar material cartográfico tátil, em especial maquetes táteis, para ampliarem seus conhecimentos geográficos.

Essa idealização resultou em minha dissertação de mestrado em Geografia, defendida em 2007. As discussões teórica e prática realizadas no referido documento servem de fio condutor desta obra. Em sua organização objetivo instigar o leitor a pensar sobre as diversas variáveis que envolvem a ausência total ou parcial do canal visual, em especial sobre o fato de que o sujeito cego não é apenas alguém que responde à perda de um sentido, mas um sujeito que percebe, conhece e reconhece, organiza e forma suas impressões sobre o mundo por meio dos sentidos do tato, olfato, paladar e audição juntamente com os processos psíquicos superiores. Tenho ainda aqui a intenção de estimular o leitor a refletir sobre como os fatores sociais e culturais são importantes para os desenvolvimentos psíquico, motor e cognitivo das crianças cegas, sobre as relações entre conduta espacial e representação e as distintas variáveis que ajudam as pessoas cegas a conhecer seu entorno.

SUMÁRIO

Prefácio   11

1   Deficiência visual   15
2   Desenvolvimento motor: tendências e reflexões   25
3   O papel da linguagem falada no desenvolvimento cognitivo do cego   39
4   A utilização de documentos cartográficos táteis   51
5   A experiência na escola especial   63

Conclusões   103
Referências bibliográficas   107

Prefácio

Os estudiosos que têm como desafio o estudo de alternativas metodológicas para a inclusão de pessoas com deficiência visual na escola, no trabalho e na rotina da vida em nossa sociedade sabem da dificuldade de se encontrar publicações que conciliem sólidas bases teóricas com orientações práticas que facilitem o entendimento das reais necessidades dos cegos e das pessoas com baixa visão. Nesse contexto, este livro se apresenta como uma contribuição definitiva para a disseminação do conhecimento acumulado em estudos das áreas de educação, saúde, psicologia e cartografia com aplicação para a orientação e o aprendizado de pessoas com deficiência visual. Numa linguagem acessível, conceitos teóricos são combinados com exemplos e orientações extraídos de autores consagrados e da experiência vivida pela autora no convívio de quase uma década com crianças e adolescentes de uma escola especial localizada no município de Araras, no interior do estado de São Paulo.

O apurado senso de observação da autora, que conviveu com professores, pais e alunos com deficiência visual, acompanhando e analisando suas conquistas e dificuldades no processo de aprendizagem e no desenvolvimento de suas relações sociais, permitiu a realização de um trabalho de pesquisa com intervenção na escola, centrado em experimentos envolvendo conceitos e práticas de Cartografia. Tais

12 SÍLVIA ELENA VENTORINI

atividades foram sempre realizadas com a participação dos professores que, de forma integrada com a pesquisadora, elaboraram o planejamento e a aplicação das práticas de orientação no espaço, fazendo uso de documentos cartográficos como croquis, plantas e maquetes táteis.

O eixo norteador da pesquisa de mestrado da autora, que resultou nesta obra, coloca como ponto de partida o tratamento individualizado que se deve dar aos diferentes, valorizando-se as reais necessidades e habilidades das pessoas cegas e com baixa visão. Atenção especial é dada aos estudos e atividades envolvendo pessoas com baixa visão, apresentando exemplos de iniciativas educacionais bem sucedidas, que têm como premissa o conhecimento do histórico do indivíduo, da patologia, do seu grau de perda visual e de sua condição de vida. As conclusões da autora nos apontam que tais elementos são fatores determinantes para o bom desempenho desses indivíduos na apreensão do conhecimento necessário para sua formação intelectual, pessoal e afetiva.

O primeiro capítulo traz esclarecimentos sobre a cegueira e a baixa visão sob o ponto de vista médico e psicológico, destacando as principais patologias e preciosas orientações para pais, educadores e aqueles que se relacionam cotidianamente com pessoas com deficiência visual.

O segundo capítulo trata de uma densa revisão de literatura que aborda o desenvolvimento motor de cegos e de pessoas com baixa visão sob a óptica de estudiosos que realizaram investigações comparativas no estudo desses sujeitos. Em contraponto, são apresentados também estudos que abordam o desenvolvimento motor do cego, partindo-se do próprio indivíduo, dando ênfase às suas relações emocionais, sociais e culturais.

O terceiro capítulo apresenta o papel da linguagem falada no desenvolvimento cognitivo do cego, desde seu nascimento, indicando alternativas que aprimorem sua comunicação com os que o cercam e sua apreensão do meio em que vive. Aborda ainda como as práticas educativas baseadas no verbalismo podem prejudicar o efetivo conhecimento da realidade por parte do cego, bem como destaca a necessidade de reflexões e estudos mais aprofundados envolvendo estas temáticas.

O quarto capítulo trata de conceitos relativos à representação espacial e à linguagem gráfica tátil, assim como de contribuições de autores que realizaram pesquisas e experimentos fazendo uso de documentos cartográficos táteis nos estudos da relação entre indivíduos cegos e o meio em que vivem. São considerados estudos comparativos com sujeitos normovisuais, bem como aqueles que tomam como ponto de partida o próprio sujeito com deficiência visual, sem compará-lo com outros grupos de indivíduos. Reflexões são conduzidas sobre as relações espaciais de pessoas cegas e o desenvolvimento e uso de documentos cartográficos táteis, bem como aspectos relativos às dificuldades para padronização de material didático tátil.

O quinto capítulo relata a experiência da autora na escola especial, no trabalho realizado com alunos cegos e com baixa visão, por meio de registros na forma de mapas e maquetes táteis. São analisadas as diferentes formas de representação dos alunos, sempre associadas à sua capacidade individual, maturidade física e psicológica, bem como à sua vivência e experiência com os objetos, situações e ambientes representados.

As considerações sobre as vivências da autora na escola especial são uma constante na obra, ilustrando os referenciais teóricos com as suas experiências práticas em sala de aula.

Trata-se de uma agradável e desafiadora leitura que remete às reflexões consideradas essenciais para aqueles que buscam aprimorar suas práticas como educadores, pesquisadores, pais e cidadãos que creem num mundo de oportunidades iguais para todos.

MARIA ISABEL CASTREGHINI DE FREITAS
Departamento de Planejamento Territorial
e Geoprocessamento Instituto de
Geociências e Ciências Exatas da Unesp,
campus de Rio Claro (SP)

1
DEFICIÊNCIA VISUAL

Esclarecimentos sobre cegueira

O tema que discuto nesta obra requer, primeiramente, um léxico que permita a identificação de alguns termos específicos relacionados à nomenclatura oftalmológica e a conceitos educacionais sobre deficiência visual.

O termo deficiência visual engloba pessoas cegas e pessoas de baixa visão. A identificação das pessoas com deficiência visual baseia-se no diagnóstico oftalmológico e consiste na acuidade visual medida pelos oftalmologistas (Amiralian, 2004).

Acuidade visual é a capacidade de discriminação de formas, medida por oftalmologistas por meio de apresentações de linhas, símbolos ou letras em tamanhos diversificados. A pessoa com baixa acuidade visual apresenta dificuldades para perceber formas, seja de perto, de longe ou em ambas as situações (Souza et al., 2005).

O conceito médico de cegueira centra-se na capacidade visual apresentada pelo sujeito depois de aplicados todos os métodos de tratamento cirúrgico e correções ópticas possíveis. Até a década de 1970, o encaminhamento para o ensino pelo método braille tinha como base o diagnóstico médico, porém a constatação de que muitos alunos con-

16 SÍLVIA ELENA VENTORINI

siderados cegos utilizavam a visão e não o tato para ler o braille ocasionou uma reformulação do conceito de cegueira. Atualmente, além do diagnóstico médico, especialistas da área da Educação e da Psicologia, dentre outras, analisam como o sujeito utiliza sua acuidade visual para perceber o mundo e qual sentido adota para a leitura em braille.

Dessa forma, são considerados *cegos* aqueles que não conseguem ler o braille por meio da visão e para quem o tato, o olfato e a sensibilidade cutânea[1] são os sentidos primordiais na apreensão do mundo externo (Amiralian, 1997).

As pessoas cegas apresentam acuidade visual, geralmente, igual a ou menor que $20/200$ $(0,1)$ – ou seja, enxergam a vinte pés de distância aquilo que o sujeito com visão "normal" enxerga a duzentos pés (no melhor olho, com a melhor correção óptica). Dias (1995), ressalta que de $0,1$ até $0,0$ há uma linha contínua que se denomina cegueira legal. Nesse intervalo, podem-se distinguir os seguintes tipos de cegueira:

- percepção luminosa: distinção entre a luz e o escuro;
- projeção luminosa: distinção da luz e do lugar de onde emana;
- percepção de vultos: visão de dedos;
- percepção de formas e cores: visão de dedos.

O Ministério da Educação (MEC), no documento *Séries atualidades pedagógicas 6 - Deficiência visual* (v.1), ressalta que, do ponto de vista educacional, deve-se evitar o conceito de cegueira legal, devendo este último ser utilizado apenas para fins sociais, por não revelar o potencial visual útil para execução de tarefas da vida diária como ler, cozinhar ou caminhar na rua, dentre outros.

Nesse documento, o MEC destaca ainda como possuidoras de cegueira as pessoas que apresentam desde ausência total de visão até a perda da projeção de luz e cujo processo de aprendizagem ocorre por meio dos sentidos do tato, audição, olfato e paladar e que utilizam o sistema braille como principal meio de comunicação escrita.

Em 1992, a Organização Mundial de Saúde (OMS) e o Conselho Internacional de Educação de Deficientes Visuais (ICEVI) salienta-

---

1 Sensibilidade cutânea é faculdade de receber informações por receptores que se encontram na pele.

A EXPERIÊNCIA COMO FATOR DETERMINANTE... 17

ram que o desempenho visual é mais um processo funcional do que simples expressão numérica da acuidade visual, propondo o termo baixa visão para referir-se aos sujeitos que tem significativa alteração da capacidade funcional da visão e que não são considerados cegos. O termo é definido como o comprometimento do funcionamento visual em ambos os olhos, mesmo após tratamento e/ou correção de erros refracionais comuns, guardando as seguintes classificações:

• acuidade visual inferior a 0,3 até percepção de luz;
• campo visual inferior a 10° do seu ponto de fixação;
• capacidade potencial de utilização da visão para o planejamento e execução de tarefas (MEC, sd).

Ainda segundo o Ministério da Educação, os critérios visuais incluídos nessa definição seguem a Classificação Internacional das Doenças (CID), por isso não devem ser utilizados para elegibilidade de educação ou reabilitação sem incluir dados de avaliação de outras funções visuais consideradas importantes, como sensibilidade aos contrastes e adaptação à iluminação.

Desse modo, o MEC recomenda uma avaliação clínico-funcional realizada por oftalmologistas e pedagogos especializados em baixa visão, levando em consideração a avaliação clínica da acuidade visual para perto e longe, do campo visual, da sensibilidade aos contrastes, diagnóstico e prognóstico, visão de cores e a prescrição e orientação de recursos ópticos especiais. Amiralian (2004) destaca que no Brasil, até a década de 1970, o termo visão reduzida era utilizado para referir-se às pessoas com baixa visão. Esse termo foi adotado com o intuito de mudar o foco da cegueira para a visão, demonstrando uma valorização do resíduo visual pelos especialistas.

Com o passar do tempo, especialistas propuseram a utilização do termo visão subnormal em substituição ao termo visão reduzida. Essa terminologia é uma tradução de *low vision*, termo usado por Barraga (1964), e é muito utilizada inclusive em documentos oficiais; no entanto, para Amiralian (2004), essa terminologia está em processo de transformação. Os especialistas preferem utilizar o termo baixa visão por acreditarem que ele minimiza o preconceito que o termo visão subnormal pode provocar.

18 SÍLVIA ELENA VENTORINI

Outra dificuldade da terminologia ocorre em referência às pessoas que não possuem significativa alteração da capacidade funcional da visão. Essas pessoas são consideradas com acuidade visual suficiente para a apreensão do ambiente e alfabetização em escrita convencional com pouca ou nenhuma dificuldade.

O termo usualmente encontrado na literatura em questão é vidente. No entanto, deve-se destacar que nos dicionários da Língua Portuguesa a palavra vidente refere-se à pessoa que tem visões sobrenaturais das coisas divinas ou que pretende ter um poder supranormal de conhecer acontecimentos passados ou futuros e descobrir coisas ocultas.

Dias (2005), em sua obra intitulada *Ver, não ver e conviver*, utiliza o termo normovisual para referir-se às pessoas que não possuem significativas alterações na acuidade visual. Diante da falta de um termo específico no Brasil para designar esse grupo de pessoas, opto neste trabalho por utilizar o termo normovisual para designar os sujeitos que não possuem alterações significativas de acuidade visual.

Considerações sobre baixa visão

Como já mencionei, são consideradas pessoas com baixa visão aquelas que possuem significativa alteração da capacidade funcional do canal visual, que não pode ser corrigida por tratamentos clínicos nem correções ópticas convencionais. Para Carvalho et al. (2002), funções visuais como acuidade visual, adaptação à luz e/ou à escuridão, campo visual e percepção de cores podem ser comprometidas em sujeitos de baixa visão. O comprometimento dessas funções depende do tipo de patologia apresentada, isto é, do tipo de lesão que a estrutura ocular possui. As patologias podem ser:

• congênitas: catarata, glaucoma, atrofia etc;
• adquiridas: degeneração senil de mácula, traumas oculares, dentre outras.

Os problemas visuais geram dificuldades para locomoção e orientação espacial, bem como para a realização de tarefas da vida diária como ler, assistir televisão, cozinhar, caminhar na rua, operar um

A EXPERIÊNCIA COMO FATOR DETERMINANTE... 19

computador, brincar com jogos eletrônicos visuais (*video game*, jogos para computadores etc.), dentre outras. A função visual para a realização dessas tarefas pode ser melhorada por meio do uso de auxílios ópticos ou não ópticos como adequação de luz, aumento do contraste de cores, ampliação de letras etc. (idem).

O comprometimento das funções visuais, os métodos e aparelhos utilizados para o melhoramento da visão afetam, muitas vezes, o desenvolvimento psíquico do sujeito, com ênfase no desenvolvimento afetivo-emocional. Esse fato é gerado, principalmente, pela maneira como as pessoas de baixa visão são tratadas pela sociedade. Os aparelhos ópticos utilizados por essas pessoas quase sempre diferem em sua forma, estrutura e tamanho, dentre outras características, dos óculos convencionais, o que contribui para que a criança com baixa visão tenha dificuldades de relacionar-se com outras pessoas.

Para Amiralian (2004), a falta de identificação dessas crianças como sujeitos de baixa visão e o deslocamento de seu déficit visual para outras áreas dificultam sua educação e a formação de sua personalidade. Para a autora, as pessoas com baixa visão são tratadas, às vezes, como pessoas cegas e em outros momentos como pessoas normovisuais. Isso mostra que ainda não há uma compreensão clara e definida do que sejam pessoas com baixa visão, quais suas reais necessidades e como elas percebem e organizam os objetos no espaço.

A baixa visão é considerada uma dificuldade visual de graus variáveis, que causa incapacidade funcional e diminuição do desempenho visual. [...] esta incapacidade não está relacionada apenas aos fatores visuais, mas é influenciada pela reação das pessoas à perda visual, e aos fatores ambientais que interferem em seu desempenho. Esses conceitos, embora clinicamente claros e concisos, não informam como a criança vê o mundo. Falam sobre os limites do que considerar como visão subnormal, mas não conduzem a uma compreensão clara de como a criança enxerga, ou seja, de que maneira as pessoas com baixa visão apreendem o mundo externo e de que maneira essas pessoas organizam ou reorganizam a sua percepção. A falta de clareza sobre o que realmente significa enxergar menos leva a uma fragilidade do conceito que identifica o que é e como se constitui a pessoa com baixa visão. (idem, p.21)

20 SÍLVIA ELENA VENTORINI

O ingresso do aluno com baixa visão na escola regular exige que providências específicas sejam tomadas por parte da direção e professores a fim de fornecer-lhe condições adequadas às suas necessidades para a aprendizagem. Geralmente, para ler e escrever esses alunos precisam usar recursos diferentes dos demais alunos, necessitam ações pedagógicas específicas, precisam de adaptações e complementações curriculares, tais como a adequação do tempo, espaço, modificação do meio e de procedimentos metodológicos e didáticos. Os processos de avaliação também devem ser preparados de acordo com as suas necessidades (Fanelli, 2003).

Para Carvalho et al. (2002), os principais fatores que dificultam a integração de um aluno com baixa visão na escola são a flexibilidade e a aceitação, por parte de professores, das suas reais necessidades, limitações e habilidades. A falta de informações sobre as diversas características que podem apresentar pessoas com baixa visão leva pais e professores, quase sempre, a classificá-los como cegos ou como normovisuais, ignorando assim sua verdadeira capacidade visual.

A ausência da identificação em um grupo específico pode ocasionar dificuldades de construção da personalidade por parte desses sujeitos. Essa ausência de identidade provoca os seguintes questionamentos: Quem sou eu? Sou cego? Mas eu enxergo? Sou normovisual? Por que outros são capazes de perceber coisas que eu não percebo? (Amiralian, 2004).

A incerteza sobre si mesma leva a criança a desenvolver uma autoimagem negativa, uma dependência do ambiente e das pessoas à sua volta e a um alto nível de ansiedade. O fato de suas necessidades nem sempre serem satisfeitas pela sociedade é um elemento a mais colaborando para dificultar sua identidade pessoal. O fato central que deve ser compreendido por todos é que, na realidade, "elas não são nem cegas nem pessoas normovisuais, são crianças que precisam construir uma identidade como pessoas com baixa visão" (idem).

As necessidades educacionais de locomoção e orientação espacial e para a realização de atividades da vida diária de uma pessoa de baixa visão dependem do tipo de patologia que ela tem. Essas necessidades não são iguais para todos os indivíduos desse grupo. Carvalho et al. (2002)

A EXPERIÊNCIA COMO FATOR DETERMINANTE... 21

ressaltam que fotofobia (sensibilidade à luz), dor de cabeça constante, estrabismo (ser caolho), nistagmo (dificuldade para fixar os olhos em um ponto em função do movimento involuntário dos olhos), franzir de pálpebras, lacrimejo, desatenção em classe, constantes tropeços o tropeçadas com objetos, hábito de aproximar-se exageradamente de cadernos e livros, pender da cabeça para o lado para realizar leituras e dificuldade para distinguir cores ou enxergar na lousa são sinais que indicam que uma pessoa pode ter problemas visuais. Para os autores, pais e professores devem observar essas características nas crianças e, ao perceberem algum desses sinais, devem procurar auxílio de um oftalmologista para verificar se a criança apresenta baixa visão.

No livro *Visão subnormal*, Carvalho et al. (2002) sugerem atitudes por parte de professores, adaptações em salas de aula e materiais que podem contribuir para amenizar as dificuldades visuais de alunos com baixa visão. Para os autores, os principais fatores que dificultam a integração de um aluno de baixa visão na escola são a não aceitação, o não reconhecimento e a não flexibilidade do professor à limitação visual do aluno.

Há atitudes simples por parte desse profissional que podem contribuir significativamente para a integração desses alunos no ambiente escolar, como a valorização e estimulação verbal em relação aos acertos do aluno (já que as expressões faciais e gestos, à distância, nem sempre são vistos por ele), a busca de informações sobre o tipo de auxilio óptico que o aluno usa e o estímulo ao seu uso, o fato de estar ciente de que, para algumas patologias que afetam o canal visual, o uso de recursos ópticos é inútil e que, nesses casos, se deve buscar material e adequações no ambiente que auxiliem o aluno.

Sobre as adequações no ambiente, os mesmos autores ressaltam que elas podem ser obtidas por meio do controle da luz, por exemplo, aumentando a iluminação com focos luminosos para a leitura, realizando a transmissão da luz com o auxílio de lentes absortivas e filtros que diminuem o ofuscamento e aumentam o contraste.

Outras recomendações dos autores referem-se à leitura na lousa, leitura de perto e escrita. Em relação à leitura na lousa, os autores recomendam que o aluno esteja na primeira carteira na fileira do centro,

22 SÍLVIA ELENA VENTORINI

isto é, bem em frente à lousa. No entanto, se o aluno enxerga menos de um olho, deverá sentar-se mais à direita ou à esquerda da sala, dependendo do olho que enxerga menos. Se o aluno usar algum aparelho óptico para longe, deverá sentar-se a uma distância fixa da lousa – a distância é recomendada geralmente pelo oftalmologista que receitou o recurso óptico. O professor também deve permitir que o aluno se levante e se aproxime da lousa sempre que necessário.

Cada pessoa tem sua própria distância focal, que está diretamente relacionada com o nível de acuidade visual e o tipo de auxílio óptico utilizado: a aproximação do material de leitura dos olhos não prejudica a visão, apenas possibilita uma ampliação do tamanho da imagem. Deve-se ressaltar que quanto maior for o grau da lente, menor a distância focal, por isso mais próxima deverá ser para a distância de leitura. No mercado há suportes de leitura do tipo prancheta, que elevam o material à distância e posição adequadas, permitindo uma postura para a leitura e escrita não prejudicial à saúde (por exemplo podendo evitar problemas de coluna) (idem).

Amiralian (2004) ressalta que muitos estudos e pesquisas vêm sendo desenvolvidos nas áreas médica e educacional sobre o tema baixa visão. Para a autora, a partir da década de 1980, encontram-se diversos trabalhos acadêmicos com questões referentes ao melhor uso do resíduo visual e sobre a educação das crianças com baixa visão. Constato, assim, que houve, por parte dos especialistas, uma tentativa de mudança do foco da cegueira para o da possibilidade de ver. Todavia, verifico que o desenvolvimento de trabalhos e pesquisas ficou centrado nas áreas dos conhecimentos médico, pedagógico e tecnológico.

Em minha concepção, estudos e pesquisas sobre os efeitos dessa condição no desenvolvimento psíquico do ser humano, sobre as dificuldades afetivo-emocionais, sobre desenvolvimento cognitivo e como apreendem o mundo externo e organizam ou reorganizam a sua percepção de mundo ainda carecem de reflexões. Essas pesquisas não podem ter como referenciais pessoas normovisuais nem cegos – é necessário desenvolver estudos a partir da pessoa de baixa visão, considerando seu grau de perda visual, a patologia que a causou, suas necessidades ópticas, educacionais e de adequação de ambientes.

A EXPERIÊNCIA COMO FATOR DETERMINANTE... 23

É importante ressaltar que as questões que abordo neste tópico foram observadas por mim ao estudar a organização espacial de um grupo de alunos de baixa visão em uma escola especial, localizada no município de Araras, interior de São Paulo. O fato, por exemplo, de os alunos de baixa visão serem tratados ora como normovisuais, ora como cegos resultando, muitas vezes, no não atendimento de suas necessidades para a realização de atividades da vida diária, gerou meu interesse pelo aprofundamento das discussões aqui contidas.

No entanto, na busca de referencial teórico sobre como esses sujeitos percebem e organizam os objetos no espaço, notei a escassez de estudos sobre o tema, por isso julgo imprescindível que sejam realizadas pesquisas que tenham como ponto de partida a compreensão dos desenvolvimentos motor e cognitivo, considerando as reais necessidades e habilidades dos sujeitos, assim como os tipos de patologias e danos por elas geradas.

Destaco, ainda, que muitas pesquisas sobre deficiência visual na Psicologia são, muitas vezes, desenvolvidas sob o enfoque comparativo: compara-se o desempenho e/ou o desenvolvimento motor e cognitivo das pessoas com deficiência visual com os de sujeitos normovisuais. Por isso, é importante apresentar aspectos das tendências e investigações comparativas no estudo desses sujeitos assim como as etapas que envolvem o desenvolvimento motor do cego partindo de estudos do próprio indivíduo. Esses dois temas orientam as discussões do próximo capítulo desta obra.

2
DESENVOLVIMENTO MOTOR: TENDÊNCIAS E REFLEXÕES

Tendências de investigações

Uma questão que observei na literatura da área da Psicologia, como mencionado no capítulo anterior, é uma tendência para investigações comparativas, isto é, compara-se o desempenho ou o desenvolvimento de crianças cegas ao de crianças normovisuais. De acordo com essa abordagem, os indivíduos cegos aparecem, quase sempre, em desvantagem. Outra questão é a elaboração de condições experimentais delimitadas que geram resultados mensuráveis, em que se propõem aos sujeitos tarefas a serem executadas em situações de teste e reteste, com resultados analisados quantitativa e qualitativamente.

Na análise comparativa, é comum vendar os olhos de sujeitos com visão (total ou parcial) para comparar seus desempenhos com sujeitos totalmente desprovidos de visão, como se apenas a venda nos olhos tornasse um indivíduo cego (Silva Leme, 2003; Amiralian, 1997; Warren 1994; Santin & Simmons, 1996). Por isso, faz-se necessário, antes de discorrer sobre as etapas dos desenvolvimentos sensório-motor e cognitivo de crianças cegas, tecer algumas considerações a respeito das reflexões de autores respeitados da área da Psicologia sobre a análise comparativa de resultados relativos aos desenvolvimentos físico, psíquico e social, dentre outros, da pessoa cega.

26 SÍLVIA ELENA VENTORINI

Os estudos sobre os desenvolvimentos sensório-motor e cognitivo e sua relação com a percepção, organização e representação espacial por crianças normovisuais têm influência principal a pesquisa de Jean Piaget. Deve-se ressaltar que meu intuito não é apresentar uma discussão aprofundada sobre o trabalho desse autor – a referência a ele ocorre em decorrência de trabalhos na área da Psicologia que indicam a necessidade de estudos mais aprofundados para a compreensão do desenvolvimento da criança cega.

Este alerta tem base na afirmação de que a teoria do autor foi elaborada a partir de estudos envolvendo crianças normovisuais, o que atribui ao canal visual suma importância, o que por sua vez confere grandes desvantagens aos cegos. Para Vygotski (2000), os trabalhos de Piaget estabeleceram uma nova abordagem no estudo do desenvolvimento da teoria da linguagem e do pensamento infantil, opondo-se às tendências antes dominantes. Enquanto a Psicologia tradicional caracterizava negativamente o pensamento infantil enumerando suas lacunas e deficiências, o autor buscou apresentar aspectos positivos desse pensamento. No entanto, os estudos de Piaget foram realizados com crianças normovisuais e o canal visual desenvolve papel fundamental em sua pesquisa. A respeito disso, Silva Leme afirma:

> Observa-se que o referencial teórico que norteia as pesquisas, de maneira geral, são as concepções de Piaget, como assinalado por Amiralian (1995). Esta autora salienta que a teoria piagetiana foi elaborada a partir da observação de crianças normais, com a função visual preservada, e atribuiu à visão importância fundamental na construção das estruturas cognitivas; assim, com base nesse referencial, a ausência visual impõe, além da limitação perceptiva, restrições motoras, o que constituiria limitação muito grave e talvez insuperável. Tendo em vista esse referencial, muitos estudos investigaram o desempenho de crianças cegas em tarefas de conservação, classificação, permanência do objeto, constituição de imagens mentais (Paivio & Okovita, 1971; Marmor & Zaback, 1976; Johnson, 1980; Anderson, 1984; Wagner-Lampl & Oliver, 1988; Tait, 1990; Bigelow, 1990; Hoz & Alon, 2001). Parte das pesquisas relata atrasos das crianças cegas em comparação às videntes, outras não encontram resultados que sugiram essa conclusão. (2003, p.13)

A EXPERIÊNCIA COMO FATOR DETERMINANTE... 27

Em sua pesquisa sobre a representação espacial em crianças com cegueira congênita, Silva Leme (2003) adota uma perspectiva de análise não comparativa entre crianças cegas, normovisuais e de baixa visão. A autora ressalta que a teoria de Vygotsky apresenta fatores positivos nos estudos sobre crianças cegas por desenvolver a ideia de que a cegueira, assim como outras deficiências, pode promover uma reorganização completa no funcionamento psíquico.

Portanto, os atrasos nos desenvolvimentos sensório-motor e cognitivo de crianças cegas não ocorrem devido à cegueira, mas por falta de experiências diversificadas que permitam ao cego ter acesso a aspectos importantes da cultura na qual se insere. Como exemplo cita-se o braille, que permite ao cego o acesso à linguagem escrita. Para Vygotsky, as fontes da compensação para o cego estão na linguagem, na experiência social e na relação com os normovisuais. Por meio da linguagem, o cego pode ter acesso às significações da cultura e participar das práticas sociais. Assim, as relações sociais são de fundamental importância para a criança cega superar o impedimento orgânico e seguir o curso de seu desenvolvimento cultural.

Silva Leme (2003) destaca, ainda, a importância fundamental que as interações sociais têm nas fases do desenvolvimento nos primeiros anos da infância e como elas ocorrem de forma rápida e podem misturar-se ou alternar-se sem seguir necessariamente uma sequência predeterminada. A pesquisadora tem como base para essa afirmação o trabalho de Wallon (1968). Para o autor, no início do período sensório-motor o comportamento da criança é principalmente dirigido às outras pessoas, e nessa fase a emoção desempenha papel fundamental, na medida em que promove reações convergentes e complementares entre a criança e as pessoas à sua volta. A atenção da criança é dirigida para as pessoas e, ao mesmo tempo, suas expressões emocionais como o sorriso e o choro atraem a atenção do meio. Aos seis meses de idade, o bebê já tem todo o sistema das principais emoções e integra-se ao ambiente expressando emoções, estabelecendo assim um elo, uma fusão com esse ambiente (Silva Leme, 2003).

A importância social destacada por Vygotsky e a importância das relações emocionais ressaltada por Wallon apresentam grande

28 SÍLVIA ELENA VENTORINI

afinidade com a teoria de David Warren, autor de suma importância no estudo do desenvolvimento de crianças cegas. Este último autor realizou revisões de literatura importante sobre o tema (1977, 1994), realizando uma abordagem "sob uma perspectiva inovadora em relação à pesquisa mais tradicional" (idem).

As considerações de Silva Leme sobre as teorias de Vygotsky e de Wallon[1] vêm ao encontro também das afirmações de Veiga (1983), Cutsforth (1969), Dias (1995), Santin & Simmons (1977), Amiralian (1997), Caiado (2003) e Soler (1999), dentre outros, que atribuem fundamental importância às relações emocionais, sociais e culturais para os desenvolvimentos sensório-motor e cognitivo de crianças cegas. Esses autores também ressaltam que os atrasos em etapas desses desenvolvimentos ocorrem por falta de experiência e não por causa da cegueira, gerando assim uma abordagem positiva em relação ao desenvolvimento das crianças.

Apesar de Piaget não ter realizado estudos com crianças cegas, Gottesman (apud Amiralian, 1997, p.39) indica que em uma conferência na Universidade de Colômbia, Piaget afirmou:

> Bebês cegos têm grande desvantagem por não poderem fazer a mesma coordenação no espaço que as crianças normais são capazes durante os dois primeiros anos de vida; assim, o desenvolvimento da inteligência sensório-motora e a coordenação das ações neste nível são seriamente impedidos na criança cega. Por esta razão, achamos que há um grande atraso em seu desenvolvimento no nível do pensamento representacional, e a linguagem não é suficiente para compensar a deficiência na coordenação das ações. O atraso, é naturalmente, posteriormente compensado, mas ele é significante e muito mais considerável do que o atraso no desenvolvimento da lógica nas crianças surdas-mudas. (idem, p.94)

---

1 Neste trabalho não foi aprofundada a discussão sobre a utilização das teorias de Wallon e Vygotsky para estudar os desenvolvimentos sensório-motor e cognitivo de crianças cegas, pois acredito que tal estudo exigiria uma pesquisa aprofundada das obras desses autores.

A EXPERIÊNCIA COMO FATOR DETERMINANTE... 29

Sobre essa afirmação de Piaget, Amiralian (1997) ressalta que não se pode esquecer que a teoria do autor foi elaborada a partir da observação de crianças normovisuais. A autora ainda destaca que estudos, pesquisas e trabalhos desenvolvidos sob o enfoque piagetiano procuraram compreender como a criança cega apreende o mundo, constrói a realidade, adquire os conceitos de objeto, causalidade, espaço e tempo. Apesar da grande contribuição que trouxeram, deve-se considerar que eles foram realizados nas referidas perspectivas:

Nas pesquisas piagetianas, o procedimento mais comum foi a constituição de grupos experimentais e de controle: grupos de cegos congênitos, videntes e videntes vendados, pareados quanto à idade, sexo, condições socioeconômicas e familiares. Os resultados do desempenho dos três grupos foram comparados e analisados. As pesquisas tiveram por objetivo analisar o desenvolvimento das crianças cegas congenitamente quanto ao desempenho em tarefas de conservação, classificação, formação e desenvolvimento de imagens mentais, e conceituação de objetos. Enquanto alguns destes estudos encontravam resultados que apontam para um atraso dos cegos nestas atividades, outros divergiram quanto a estas conclusões. (idem, p.41)

A análise da autora indica que os resultados dessas pesquisas, embora apontem que a função cognitiva das crianças cegas desenvolve-se lentamente, podendo levar a alguma quebra no desenvolvimento entre os aspectos operacional e simbólico do seu pensamento, demonstram divergências nos resultados dos diferentes pesquisadores, o que ocasiona dúvidas quanto à afirmativa acima. Destaca-se ainda que embora as pesquisas dentro do referencial piagetiano – que trabalham dentro de um construto teórico e pesquisam o pensamento lógico, utilizando uma perspectiva comparativa entre o desempenho de cegos e normovisuais de olhos vendados, como se o processo de ambos fossem idênticos – tragam ricas contribuições pelas análises efetuadas, não parecem ser suficientes para a compreensão dos sujeitos cegos.

Ochaíta & Espinosa (2004) também abordam questões sobre a utilização da teoria piagetiana para o estudo de crianças cegas. As autoras citam as pesquisas de Bigelow (1986) e Rogers & Puchalsky

30 SÍLVIA ELENA VENTORINI

(1988). Esses autores estudaram o desenvolvimento da apreensão de objetos físicos nos cegos por meio da adaptação da teoria piagetiana às características dessas crianças:

> As diferenças perceptivas entre o sistema visual, por um lado, e os sistemas tátil e auditivo, por outro, não aconselham a análise do desenvolvimento dos cegos de perspectivas visuocentristas. Quando a visão falta ou está gravemente prejudicada, é difícil para as crianças elaborar um universo de objetos permanentes, sobretudo daqueles que não estão em contato com sua mão. Portanto, as crianças cegas, construirão, em primeiro lugar, a permanência dos objetos táteis e serão capazes de procurar os objetos com os quais tenham tido uma experiência tátil suficiente. Somente a partir do segundo ano de vida, uma vez que consigam alcançar com as mãos os objetos sonoros, começarão a coordenar as imagens táteis e auditivas e, consequentemente, a procurar os objetos pelo som que emitem. (Ochaíta & Espinosa, 2004, p.157)

David Warren – que em sua obra intitulada *Blindness and early childhood development* (1977) analisa o desenvolvimento da criança cega sob uma perspectiva comparativa com o desenvolvimento de crianças normovisuais – revê sua posição, em 1994, por meio do livro *Blindness and children*. Nessa obra, o autor critica as pesquisas que avaliam o desempenho de crianças cegas pela média, tendo como referência a norma para crianças normovisuais.

Assim como Warren reviu sua posição, outros estudos, nos âmbitos nacional e internacional, dentro da Psicologia vêm indicando que, se ocorrem atrasos no período sensório-motor de bebês congenitamente cegos em relação aos normovisuais, eles são gerados pelos diferentes estímulos que cada grupo recebe para desenvolver-se ou pelas condições em que foram realizadas as pesquisas. Nesse sentido, os estudos apontam que as pesquisas sobre os diversos temas que envolvem os sujeitos cegos devem ter como referência as características que os envolvem e não as características das pessoas normovisuais.

Portanto, os estudos desses dois grupos dependem das condições de coleta e análise de dados, e os resultados podem indicar atrasos, desenvolvimento igual ou desenvolvimento distinto em um dos dois

A EXPERIÊNCIA COMO FATOR DETERMINANTE... 31

grupos. Meu objetivo aqui foi mostrar que quando o pesquisador opta pelo estudo comparativo, obterá resultados diversos daqueles de quem optou pelo estudo não comparativo: um poderá encontrar, nos resultados do outro, argumentos para sustentar sua tese. Essa afirmação tem como fundamento a constatação de que na área da Psicologia há significativas pesquisas nessas duas linhas.

Período sensório-motor

O período sensório-motor abrange desde a data de nascimento do bebê até ele atingir, aproximadamente, a idade de dois anos. Os graus positivo ou negativo (atrasos) nesse período têm relação direta com os estímulos recebidos para movimentar as partes de seu corpo. O bebê normovisual, por meio da visão, recebe muito mais estímulos para movimentar as partes de seu corpo – braços, pernas, cabeça etc – do que o bebê congenitamente cego. Privado do estímulo visual para movimentar-se, o bebê cego poderá viver quase imóvel nos cincos primeiros meses. Esse fato pode ocasionar falta de plasticidade nos gestos, nos movimentos e no andar de muitas crianças cegas (Veiga, 1983). A esse respeito, Dias afirma que

> quanto ao desenvolvimento motor, a visão desempenha um papel crucial, que a audição só poderá suprir, e apenas parcialmente, a partir dos dez meses, embora o desenvolvimento postural seja semelhante ao da criança normovisual. A nível da mobilidade a criança cega, segundo Adelson & Freiberg (1977) e Scholl (1984), por falta de estímulos do mundo exterior experimenta dificuldades tanto no gatinhar como no início da marcha. (1995, p.26)

Embora muitos autores concordem com o fato de que a audição não supre a função visual no estímulo para o desenvolvimento motor, Warren chama a atenção para a escassez de pesquisas sobre as diferentes reações dos bebês cegos à voz humana. Segundo o autor, as pesquisas sobre as reações dos estímulos sonoros dos bebês cegos são frequentemente realizadas utilizando objetos sonoros (*noise making object*),

32 SÍLVIA ELENA VENTORINI

não o som das vozes humanas. O bebê realiza ou não um determinado movimento da cabeça, dos membros ou sorri ao ouvir um som de um objeto que, em um determinado momento anterior, o estimulou. Já Warren, em 1994, alerta sobre a escassez de estudos referentes às reações dos bebês às vozes humanas em seus primeiros meses de vida. Sobre as reações dos bebês cegos às vozes, o autor afirma que o bebê cego sorri ou mexe partes do corpo ao escutar a voz da pessoa que cuida dele, mas não tem a mesma reação para as vozes de estranhos.

Ochaíta e Espinosa (2004) comentam sobre a importância da pesquisa realizada por Leonhart (1997, 1998) e seus colaboradores, na qual se demonstra que o bebê cego, desde as primeiras semanas de vida, presta uma atenção seletiva à voz da pessoa que cuida dele. Essa atenção é expressada por meio do giro da cabeça ou do corpo para a fonte do som. Ressaltam, além disso, que o bebê distingue claramente entre a voz da mãe e a de uma pessoa estranha, já que gira para a direção de onde vem a voz da mãe.

No que se refere às fases do desenvolvimento da postura do cego congênito, elas se cumprem dentro dos limites considerados normais, porém o progresso nos movimentos de estender as mãos, engatinhar e caminhar pode apresentar atrasos (Adelson e Fraiberg apud Santin & Simmons, 1996). Warren (1977) realizou uma análise comparativa dos resultados obtidos por Adelson e Fraiberg (1968, 1969, 1974) e por Norris, Spaulding e Brodie (1957) e concluiu que, no desenvolvimento motor, os atrasos em crianças cegas congênitas concentram-se em áreas que necessitam de orientação para a exploração do meio externo, como esticar os membros do corpo para tocar ou agarrar objetos, engatinhar e andar.

Para esses autores, assim como para Veiga (1983), Dias (2004) e Santin & Simmons (1996), dentre outros, os atrasos do desenvolvimento motor ocorrem por falta de experiências e não por causa da cegueira. Os autores ressaltam que o atraso no desenvolvimento dos movimentos é compreensível, já que o bebê cego tem de aprender a conhecer seu ambiente por estímulos fornecidos pela audição e pela sensibilidade cutânea. Esses pesquisadores concordam inclusive que se o bebê receber estimulação adequada para seu desenvolvimento

A EXPERIÊNCIA COMO FATOR DETERMINANTE... 33

motor realizará todas as etapas desse estágio dentro do período considerado padrão.

A ausência da visão não possibilita que a criança se sinta estimulada a movimentar as partes de seu corpo para um espaço além do que é ocupado por ela. O estímulo para que a criança normovisual movimente pernas, braços, cabeça e tronco é gerado pelos aspectos visuais de objetos como luzes, cores e movimentos. Por não ter esses estímulos, o bebê cego ficará restrito à observação e exploração do espaço do seu corpo e dos objetos em contato com ele como cobertor, roupas, chupeta, mamadeira e limite do berço.

Nessa fase, a pessoa que cuida do bebê cego desempenha um papel fundamental para que ele se desenvolva adequadamente à idade e maturação. O professor José Espínola Veiga, que ficou cego antes dos dois anos de idade, exemplifica muito bem esse papel no seguinte trecho de seu livro *O que é ser cego* (1983, p.4):

Num berço onde falta luz, o movimento escasseia.

Não vendo as coisas que a rodeiam, a criancinha não estende as mãos para apanhá-las. A mãe não lhe mostra nada, porque sabe que é inútil. Não lhe chega os objetos, para vê-la estender a mãozinha. Não enfeita o berço, porque o filhinho não bate com os pés e nem sacode as mãos ante os estímulos da cor. Pobre mãe...

Pouco lhe fala mesmo, para fugir à tristeza de ver que não volve para ela os olhos.

Assim, o "cego de nascença" vive quase petrificado nos cinco primeiros meses. Aí uma das razões da falta de plasticidade nos gestos, nos movimentos e no andar de muitos cegos.

Só do quinto mês em diante começa a criancinha a associar suas experiências auditivas com as sensomotoras.

Só daí por diante começa a estender as mãos na direção de onde parece vir o som. Mas é vagaroso esse desabrochar de movimentos. Precipitá-lo seria aplicação de princípios de psicologia especializada, desconhecidos do comum das mães.

Na cultura ocidental, o canal visual é extremamente valorizado nas interações comunicativas precoces, por isso muitos pais podem apresentar muitas dificuldades para interpretar os sinais emitidos pelas crianças cegas para expressar suas preferências quanto aos familiares mais próximos. Segundo Ochaíta & Espinosa (2004), faz-se necessário que os pais aprendam a interpretar as formas que seus filhos cegos utilizam para relacionar-se com eles. Para essas autoras, a partir dos cinco ou seis meses, o bebê cego, sem deixar de ter interesse prioritário pelas pessoas à sua volta, começa a demonstrar mais atenção aos objetos físicos e começa a dedicar-se mais ao exercício de seu esquema sensório-motor em relação a tais objetos.

A partir do início de sua mobilidade, a marcha e posteriormente o andar, se estimulada por uma pessoa, a criança cega passa a ter domínio da sua postura e o som torna-se um elemento mais concreto. Essa estimulação pode ser feita, por exemplo, rolando-se um objeto sonoro para frente, trás e lados da criança, esticando-se suas mãozinhas na direção do objeto, para que, gradativamente, ela associe o som ao objeto. Assim, o som torna-se um elemento de atração para a exploração do espaço (Dias, 1995). Para Almeida, o domínio da postura corporal é uma das aquisições mais significativas do primeiro ano de vida da criança, sendo que "[...] a postura influi na apreensão das informações sobre o entorno. Desta forma estabelecem-se, desde o início da vida humana, referências espaciais com relação ao próprio sujeito" (2003, p.36-7).

Essas referências espaciais em relação ao próprio sujeito são mais importantes ainda para as pessoas cegas, pois independentemente da idade, grau de maturação e experiências vividas, seu corpo sempre será um importante referencial para a exploração e percepção de um novo ambiente. Em crianças normovisuais, a consciência do corpo constrói-se lentamente até a adolescência. É na adolescência que o indivíduo elabora completamente "o esquema corporal em função do amadurecimento do sistema nervoso, da relação eu-mundo e da representação que a criança faz de si mesma e do mundo em relação a ela" (idem, p.37).

A respeito da relação eu-mundo no sujeito cego, Porto afirma: "o mundo é para mim como eu vejo e para o cego como ele o vê e esta percepção é própria e individual. Falar sobre a percepção que o cego

A EXPERIÊNCIA COMO FATOR DETERMINANTE... 35

tem do mundo, somente ele pode falar, pois somente ele pode percebê-lo pelo seu corpo" (2005, p.35).

Entre o final do primeiro ano de vida e o início do segundo, inicia-se a etapa dos desenvolvimentos simbólico e comunicativo na criança. Para Ochaíta & Espinosa (2004), nessa fase as crianças devem incorporar os objetos em sua interação com as pessoas, método que alguns autores chamaram de triangulação, por envolver ao mesmo tempo a criança, o objeto e o mediador. Segundo as autoras, a fase não se compõe apenas de interações criança-adulto, mas depende de que a primeira seja capaz de iniciar conversas não verbais ou protoconversas em relação a objetos e de estabelecer mecanismos de atenção compartilhada para poder comunicar-se com outros. Não há ainda pesquisas que permitam responder à pergunta: "Como as crianças cegas incorporam os objetos em suas conversas não verbais com os adultos?".

Uma criança normovisual, quando quer chamar a atenção de um adulto para um objeto, aponta-o com o dedo, depois olha para o adulto e, em seguida, ambos olham o mesmo objeto. Já a criança cega tem grandes dificuldades para saber que existem objetos se não tocá-los. Ochaíta e Espinosa (idem) levantam a hipótese de que a criança cega utiliza vocalizações para poder comunicar-se com um adulto sobre um objeto que não está tocando, mas que sabe que existe. As autoras salientam a importância da realização de pesquisas sobre esse tema, e ressaltam também a carência de pesquisas sobre o jogo simbólico com crianças cegas. O jogo simbólico refere-se à atribuição, por parte da criança, de sentidos novos a objetos do cotidiano, tendo como base as imitações das ações observadas no dia a dia (Reily, 2006). Muitos autores da área da Psicologia estudam a importância do jogo simbólico no desenvolvimento de crianças normovisuais; no entanto, os estudos sobre esse jogo com crianças cegas são escassos.

No desenvolvimento de pesquisas sobre esse tema é importante também deixar de lado o "visuocentrismo" e desenvolver e analisar os trabalhos a partir da própria cegueira. Não se pode esperar que as crianças cegas reproduzam (imitem) as cenas da vida diária do mesmo modo que as normovisuais.

Muitas vezes a imitação de gestos pelo cego só é possível por meio de experiências mediadas. A mediação realiza-se no ato de levar a mão da criança ao rosto do mediador e explicar-lhe verbalmente os significados e diferenças das expressões faciais, ao mesmo tempo em que a criança observa por meio do tato as modificações no rosto do mediador. Isso também se aplica às expressões corporais: a criança necessita vivenciá-las por meio de experiências práticas. Nos dois casos, a imitação contribui para que a criança explore o espaço por meio de seu corpo.

Nos ensaios relatados por Moraes (2005) da peça *A loja da alegria*, encenada no Instituto Benjamin Constant (IBC), exemplifica-se como atividades práticas que permitam que a criança utilize seus sentidos juntamente com os processos psíquicos superiores são importantes para a criança cega explorar o espaço e entender os conceitos de expressões corporais e faciais, que são aprendidos por imitação.

Nessa peça, uma menina de 11 anos de idade com cegueira congênita representaria uma bailarina. No entanto, a menina não sabia o que era um corpo de bailarina com seus movimentos e leveza. A primeira medida tomada pela professora foi explicar verbalmente para a criança que "uma bailarina demonstra leveza, dança na ponta dos pés, levanta os braços". A autora narra que essa explicação era muito abstrata para a criança e quando solicitado que realizasse os movimentos de uma bailarina, a criança não se mexia e dizia: "[...] mas eu não sei o que fazer, o que significa esta leveza? [...] dança como? Como é que as mãos fazem?" (idem, p.8).

Uma série de atividades foi planejada para que a criança entendesse o que era ser uma bailarina. Primeiramente, a criança tateou, cheirou e alisou uma saia de plumas e uma de tecido grosso. Depois colocou a roupa de plumas ao som de dois tipos de música, valsa e música popular brasileira, para sentir como a saia poderia ser movimentada no corpo ao som de cada ritmo. Com os movimentos começaram a surgir as perguntas, seguidas das respostas realizadas pela própria criança: "[...] como se dança na ponta dos pés? [...] a bailarina dança e anda na ponta dos pés, com passos de formiga que quer guardar um segredo, anda sem fazer barulho" (idem, p.9).

A EXPERIÊNCIA COMO FATOR DETERMINANTE... 37

A questão da leveza ainda não havia sido compreendida pela criança, por isso a professora optou por usar um balão cheio de gás com um pouco de arroz dentro. Ao movimentar o balão o arroz produzia um som suave. A primeira atividade foi articular os movimentos do balão aos de uma bailarina:

[...] as coordenadoras diziam para a menina cega: "a bailarina abraça este balão na frente do corpo, depois o levanta até o alto da cabeça, depois o leva para o lado". Com estes movimentos do balão, a menina ia construindo os movimentos dos braços da bailarina que sobem ao ar arqueados, depois descem para um lado e depois para o outro. Todas as crianças, inclusive as videntes, fizeram estes movimentos. A segunda atividade com o balão consistiu em colocá-lo sobre um enorme lençol que era segurado pelas coordenadoras. As crianças ficaram sob o lençol e empurravam o balão. Esta experiência produziu comentários: "como a bola é leve, ela voa alto, basta um toquinho e ela já voa", foi o que disse uma menina com baixa visão.

Ao final destas experiências a menina cega concluiu: "a bola é leve e a bailarina também é leve" e em seguida disse: "meu corpo pode ficar leve como esta bola". (idem, p.10)

A história relatada por Moraes indica como a imitação é importante para a exploração do espaço e compreensão dos conceitos de expressões corporais e faciais. Uma criança normovisual visualizaria facilmente os movimentos de uma bailarina por meio de fotos, ilustrações e filmes, dentre outros elementos, e imitaria os movimentos. A criança cega necessitou vivenciar os movimentos, sendo a descrição verbal insuficiente para que ela compreendesse o conceito de leveza dos movimentos do corpo.

É recorrente na literatura a ideia da importância da descrição verbal para que o cego compreenda o que é conhecido pela visão, no entanto, o caso da menina bailarina demonstra que apenas a descrição verbal de um objeto ou ambiente pode resultar em incompreensão sobre o objeto descrito. Esse caso também demonstra que alguns movimentos como saltar, deslocar-se e mover o corpo levemente, que são apreendidos por meio da imitação, precisam ser ensinados às crianças cegas por meio de experiências práticas.

38 SÍLVIA ELENA VENTORINI

Esses movimentos são necessários para que a criança adquira um bom controle e coordenação muscular e corporal, para que não apresente problemas de postura, equilíbrio e atraso psicomotor. No entanto, esses movimentos devem ser ensinados para as crianças cegas, pois a limitação visual a impede de aprendê-los por imitação. Ressalto que as atividades ensinadas devem estar de acordo com a maturação física e cognitiva da criança, bem como devem ser tomados os devidos cuidados para que ela não se machuque.

Nos relatos de Moraes (idem), constato que a palavra "bailarina" só tem significado para a menina cega quando ela compreende os contextos objetivos e subjetivos em que se insere a palavra. A menina cega só conheceu o que é *ser bailarina* quando relacionou o conceito às suas experiências sensoriais. Portanto, julgo necessário refletir sobre o papel da palavra para as pessoas cegas conhecerem os objetos no espaço, assim como as consequências do verbalismo na educação desses sujeitos. Esses dois temas norteiam as discussões do próximo capítulo.

3
O PAPEL DA LINGUAGEM FALADA NO DESENVOLVIMENTO COGNITIVO DO CEGO

A palavra para os cegos

As primeiras relações criança-mediador são fundamentais em todo o processo de aquisição da linguagem, principalmente durante a interação mãe-bebê (Oliveira & Marques, 2005). A linguagem é a função humana primordial e condição importante no desenvolvimento (Amiralian, 1997). Para Caiado, a linguagem é o sistema simbólico básico desenvolvido e utilizado em todos os grupos humanos para representar a realidade. Para a autora, a linguagem concentra em si os conceitos generalizados e elaborados pela cultura humana e permite "ao ser humano operar com objetos, situações e eventos ausentes ou distantes" (2006, p.118), iniciando processos de abstração e generalização com a formação de conceitos e maneiras de ordenar o real, garantindo a comunicação entre homens, o que possibilita a preservação, transmissão e assimilação de informações e experiências acumuladas pela humanidade, ao longo de sua história.

Para Luria, "o elemento fundamental da linguagem é a palavra; a palavra designa as coisas, individualiza suas características; designa ações, relações e reúne objetos em determinados sistemas" (1986, p.27). Ao atribuírem significados às palavras, as crianças conseguem isolar objetos no espaço e começam a perceber o mundo não somente

40 SÍLVIA ELENA VENTORINI

pela visão, mas também por meio da fala. Obtém-se como resultado o imediatismo da percepção "natural" por processo complexo de mediação: "a fala como tal torna-se parte essencial do desenvolvimento cognitivo da criança" (Vygotski, 2000, p.43).

A importância da linguagem falada para as integrações sociais, educacionais e profissionais de pessoas cegas é destacada tanto no meio científico quanto no senso comum. No entanto, ressalto que o exemplo da história da menina cega que representaria na peça de teatro uma bailarina demonstra que, às vezes, a descrição verbal é insuficiente para que o cego compreenda o significado dos conceitos, propriedades e generalizações que envolvem uma palavra em determinada situação. A história sobre a palavra "bailarina" no contexto relatado por Moraes (2005) demonstra o que Luria ressalta a respeito da palavra designar as coisas, individualizando suas características, ações, relações e reunindo objetos em determinados sistemas:

> [...] a palavra não somente gera a indicação de um objeto determinado, mas também, inevitavelmente, provoca a aparição de uma série de enlaces complementares, que incluem em sua composição elementos de palavras parecidas à primeira pela situação imediata, pela experiência anterior etc. Sendo assim, a palavra "jardim" pode evocar involuntariamente as palavras "árvores", "flores", "banco", "encontro" etc [...]. Deste modo, a palavra converte-se em elo ou nó central de toda uma rede de imagens por ela evocadas e de palavras "conotativamente" ligadas a ela (1986, p.35).

No contexto inserido, a palavra "bailarina" trazia consigo uma gama de significados objetivos e subjetivos do "ser bailarina" que a criança cega deveria compreender para interpretar seu personagem. Ao designar um objeto, a palavra destaca nele outras propriedades, colocando-o em relações com outros objetos, introduzindo-o em outras categorias (idem).

Nesse sentido, em minha concepção a palavra "bailarina" traz consigo as seguintes propriedades: corpo de bailarina, dança, leveza, movimento do corpo, expressões faciais e corporais, música e roupas. Todas essas propriedades estão em um sistema, interagindo entre si e

A EXPERIÊNCIA COMO FATOR DETERMINANTE...   41

formando o "ser bailarina" desconhecido pela menina cega, mas que ela deveria representar em uma peça de teatro.

Durante os ensaios da peça a menina demonstrava desconhecer completamente o que é ter um corpo de bailarina, quais são os seus gestos, como é a sua dança: nada do ser-bailarina era conhecido pela menina. Este fato produziu em todo o grupo uma questão: o que é ser bailarina? Tal questão norteou o trabalho do grupo por vários encontros e foi traduzida numa questão prática: como levar uma menina cega congênita a conhecer o que é ser bailarina? (Moraes 2005 p.8).

Amiralian ressalta que "a falta da visão torna muitas palavras sem significado ou lhes dá um significado diverso" (1997, p.63). Sobre esse tema, Muldford (1988) afirma que não há problemas para as crianças cegas na aquisição do léxico do ponto de vista qualitativo. A idade média em que as crianças cegas emitem as primeiras palavras é de 14,7 meses, o que pode ser considerado dentro da margem normal. Também não há diferenças significativas entre o período em que as crianças cegas e as normovisuais emitem entre as dez e cinquenta primeiras palavras (15,1 a 20,1 meses). Contudo, do ponto de vista qualitativo, há certas peculiaridades que precisam ser conhecidas pelos pais e educadores.

Para Batista (2005), a visão desempenha um papel importante ao trazer informações sobre objetos localizados em diferentes distâncias, possibilitando percepção global e facilitando a análise dos objetos que compõem o ambiente. No entanto, podem ocorrer dois erros, inclusive ao mesmo tempo, ao supervalorizar as funções da visão na aquisição de conceitos: confundir o papel da percepção visual com os processos mentais superiores na compreensão dos significados das palavras ou subestimar o valor de informações sequenciais geradas pelos processos cognitivos. A autora exemplifica com a palavra "gato": uma criança não aprenderá os significados objetivos e subjetivos e realizará generalizações só por ter visto um gato. A criança aprenderá a distinguir o gato de um cachorro ou rato por interagir os dados obtidos sensorialmente com os processos cognitivos, especialmente a linguagem e o pensamento.

42 SÍLVIA ELENA VENTORINI

Para Dias (1995), deve-se aceitar que a cegueira suscita uma série de atitudes, como a rejeição à superproteção por parte da família e da sociedade. Essas atitudes podem ocasionar atrasos no desenvolvimento da personalidade e, consequentemente, na linguagem da criança cega. Não é a cegueira a responsável pelos atrasos, mas a falta de experiências diversificadas. Entretanto, saliento a importância da não interpretação das experiências diversificadas como treinamento dos sentidos, principalmente dissociados dos processos psíquicos superiores. A palavra experiência, no contexto desta obra, refere-se ao modo culturalmente desenvolvido dos sujeitos refletirem cognitivamente sobre suas vivências, resultando em um processo de análise (abstração ou experiência indireta) e de síntese: processo de generalização dos dados sensoriais mediado pela palavra e nela materializado (Fontana, 1995).

Os profissionais que trabalham com crianças cegas devem orientar os pais a desenvolver diálogos verbais, mesmo no período pré-verbal, e designar sempre as pessoas, os objetos e as ações que rodeiam a criança. Por isso, para Dias (1995), os pais devem buscar compreender o significado de falar com o bebê como processo essencial de "conhecer" a mãe e as outras pessoas e de familiarizá-lo com o mundo dos objetos.

Para a autora, "a aquisição da linguagem encoraja muito as mães, pois elas comprovam que a criança tem um desenvolvimento normal" (idem, p.48). Deve-se destacar que as crianças cegas encontram dificuldades para compreender os significados dos pronomes pessoais e possessivos. Pesquisas vêm demonstrando problemas na utilização correta dos pronomes "eu" e "você", "meu" e "seu", tanto em situações de conversa quanto de jogo simbólico (Ochaíta & Espinosa, 2004).

Essas dificuldades decorrem, provavelmente, do processo de triangulação (criança-objeto-mediador) nas difíceis vias alternativas que as crianças têm de seguir para substituir os gestos (apontar o dedo ou olhar fixamente para o objeto, esperando a aprovação, compreensão ou orientação do mediador) que chamam a atenção do adulto para os objetos e para compreender que os objetos estão separados dela. Para Santin & Simmons, "somente quando a criança cega compreende que fora dela existe um mundo complexo, do qual ela é separada, e que ela tanto pode agir sobre o mundo como sofrer a ação dele, somente

A EXPERIÊNCIA COMO FATOR DETERMINANTE... 43

então é que ela começará a usar corretamente as formas pronominais do idioma" (1996, p.6-7).

Para Dias (1995), progressivamente e dependendo da riqueza de experiência no dialogo mãe/bebê, a criança cega, aos poucos, estrutura o "eu" infantil, primeiro conhecendo os limites do seu próprio corpo para depois chegar à distinção do conhecimento de si próprio e do outro. Para a autora, esta é a aquisição mais importante do primeiro ano de vida, pois passa da fase de simbiose à fase de individualização. No entanto, o bebê cego deverá receber muitos estímulos para compreender e assim conseguir utilizar adequadamente o conceito de "eu":

> Usar "Eu" de forma adequada significa conceber-se como um "Eu" no meio do universo de outros "Eus", de sentir-se um "Eu" para si próprio, e perceber que cada "Tu" é um "Eu" para si próprio". (Fraiberg, 1977). Algumas crianças cegas experimentam dificuldades entre o emprego do Eu e do Tu, bem como em distinguir o apontar as partes do seu próprio corpo, do corpo do outro, para o que é indispensável muito treino. Neste percurso a Mãe pela continuidade do seu afecto, vai constituir a pessoa de referência em que a criança deposita confiança plena e que lhe faculta o conhecimento do mundo. (idem, 49)

Nesker (apud Santin & Simmons, 1977) ressalta que é frequente a criança cega referir-se às outras pessoas pelo nome e não pelo pronome. O autor constatou que crianças cegas já com cinco anos de idade dizem, referindo-se a si próprias: "Você quer ir ao banheiro", "*Ele* não gosta", "*Ele* quer a mamãe", e quando falam diretamente com a mãe: "*Mamãe* quer ir para casa".

Segundo Amiralian (1997), a formação de conceitos por meio de experiências táteis-cinestésicas e auditivas ocasionadas pela ausência da visão dificulta a organização e a integração das informações sensoriais. A autora ressalta que Fraiberg (1977) descobriu que há atrasos na aquisição do conceito de objeto por parte da criança cega, e esse atraso está relacionado à aquisição da coordenação mão-ouvido, porque o som em si não confere substancialidade aos objetos. As diferenças entre a percepção do mundo por parte dos normovisuais e

44 SÍLVIA ELENA VENTORINI

dos cegos remetem a criança cega a um processo contínuo de solução de problemas.

Nos primeiros três anos de vida, quando a criança normovisual busca entender o mundo e expressar suas percepções por meio de sua linguagem em desenvolvimento, as dificuldades ocorrem principalmente na fase da elaboração da fala. Nessa fase, apesar dessas dificuldades, o processo é facilitado pelo mediador porque ele tem as mesmas informações sensoriais da criança e, com base nessa percepção comum, pode prestar assistência. Para Santin & Simmons (1996), o mesmo não ocorre com a criança cega, pois seu mediador, quase sempre, usa uma percepção visual para explicar-lhe os conceitos:

Este problema central que se dá entre a percepção do mundo por parte de videntes e dos cegos força a criança cega a se envolver em um contínuo processo de solução de problemas. Suas informações sensoriais, por si só, não são suficientemente completas para permitir o desenvolvimento cognitivo; suas informações sensoriais somadas à linguagem do mundo dos videntes, que lhe é imposta, talvez sejam demasiadamente complexas para que ela possa processá-las eficientemente. Parece, portanto, que o processo de estabelecer atributos e relações definidoras de conceitos é mais problemático para a criança cega e menos passível de orientações. Pode resultar, então, que, embora a criança cega esteja continuamente envolvida na solução de problemas, este processo, que é essencial ao desenvolvimento futuro, seja mais difícil e que a sensação gratificante seja menos imediata. A cada fase do desenvolvimento da criança provavelmente ocorrerá confusão quando ela tenta resolver o conflito entre suas experiências privada e pública. (idem, p.6)

Para Luria, além de um instrumento do pensamento, a palavra é um instrumento de comunicação: "qualquer comunicação, ou seja, transmissão de informações, exige que a palavra não se restrinja a designar um objeto determinado, mas que também generalize a *informação sobre este objeto*" (1996, p.37). A palavra que designa um objeto traz consigo generalizações, incluindo o objeto em determinada categoria e com significados relacionados diretamente com experiências individuais ou coletivas vividas pelo sujeito.

A EXPERIÊNCIA COMO FATOR DETERMINANTE... 45

Verbalismo: o real e o irreal

O verbalismo pode ser definido como o excesso de linguagem, quando se atribui mais importância às palavras do que às ideias. O verbalismo é muito utilizado para explicar aos cegos a "realidade" de objetos como forma, cor, tamanho, distribuição espacial e representação, dentre outros. Também é utilizado para a explicação de fenômenos e paisagens naturais ou artificiais etc. As explicações, muitas vezes, valorizam o visuocentrismo e desprezam os outros sentidos.

Para iniciar a discussão sobre o verbalismo, cito as palavras de Custforth, que alerta para as consequências negativas dessa prática, tão comum na educação dos cegos em sua época, mas que prevalece até a atualidade:

> Verbalismo no cego não é, como alguns autores sustentam, uma espécie de compensação social, um esforço inconsciente para manter uma igualdade. Se uma pessoa cega tem qualquer curiosidade, é necessário socializar suas descobertas relativas ao seu mundo de irrealidade, de certa forma a fim de que algo mais possa ser acrescentado através da comunicação com os dotados de visão. Palavras, e tão somente palavras são meios através dos quais a socialização pode ter lugar. Esta situação é encontrada entre os cegos de nascença e, de alguma maneira, naqueles que tenham imagem visual. A imaginação visual de uma década atrás não é adequada ao mundo visual de hoje. (1969, p.49)

Minha referência aqui a Custforth é atribuída pela importância de seu livro *O cego na escola e na sociedade*, publicado pela primeira vez em 1933, em pequena edição. A obra é referência em muitas pesquisas sobre os cegos, na educação, nos desenvolvimentos motor, cognitivo, psicológico e social desses indivíduos. Esse autor era uma pessoa cega oriunda das escolas e sociedade sobre as quais escrevia e formou-se em Psicologia Clínica. Seu trabalho foi pioneiro no que se pode denominar "a psicologia social do cego" (Chevigny, 1969).

Há quase um século atrás, Custforth questionou as consequências da educação dos cegos, tendo como referência a educação de pessoas normovisuais. Esse fato resultou em críticas que ocasionaram a des-

46 SÍLVIA ELENA VENTORINI

truição das matrizes de sua obra em 1943 e, consequentemente, o esgotamento dos exemplares. Em 1951, a American Foundation For The Blind reeditou a obra e, em 1969, essa fundação concedeu o direito de tradução do livro para o português e da edição de mil exemplares para serem distribuídos gratuitamente pela Fundação do Livro do Cego no Brasil.

Destaco, porém, que a crítica do autor ao verbalismo não é atribuída à relação e integração social que a comunicação, por meio da fala, proporciona ao cego. Para ele, não se pode subestimar o valor que a voz humana tem para as pessoas cegas, porque ela é um veículo importante que lhes traz as informações sobre seus mundos. Além disso, as vozes das pessoas são fundamentais nas relações sociais e pessoais dos cegos. A crítica do autor está relacionada à descrição verbal de um objeto tendo como base o visuocentrismo, desvalorizando, assim, a experiência por meio dos outros sentidos pelos quais os cegos exploram, adquirem conhecimentos e formam suas opiniões sobre o mundo.

Warren (1994) destaca que vários autores na área da Psicologia vêm apresentando discussões similares à de Custforth, caracterizando, geralmente, o conhecimento adquirido pelos cegos como *parroting*, ou seja, repetições sem aquisição de conhecimento. O autor cita o trabalho de Burlingham (1965) em que se afirma que os cegos adquirem uma grande quantidade de vocabulário por imitação de frases/palavras de pessoas normovisuais ou por estímulo ao uso desse vocabulário, para o qual o cego teve pouca ou nenhuma experiência sensorial que lhe permitisse a aprendizagem dos seus significados.

Há discrepâncias entre a realidade e a experiência: muitas vezes, nem a criança normovisual nem a cega podem compreender totalmente a diferença existente entre seus respectivos mundos de experiência e de realidade. As crianças normovisuais dificilmente percebem que a maior parte de suas vidas consiste em experiências visuais, empregando forma, cor, luminosidade, movimento e distância espacial. Às crianças cegas são ensinados esses conceitos e a maneira como devem ser usados, tendo como referência sempre as concepções visuocentristas (Custforth, 1969).

A EXPERIÊNCIA COMO FATOR DETERMINANTE... 47

Warren (1994) destaca que o trabalho de Prizant (1984) indica que a imitação/repetição de palavras e frases não ocasiona nos cegos uma aquisição de conceitos tão distantes de seus significados. Para o autor, a utilização das palavras em diversos contextos faz que os cegos compreendam seus significados. Dessa forma, Warren aponta que as pesquisas sobre o verbalismo têm seguido duas direções: uma com base nos estudos de Cutsforth (1932, 1933, 1951), que considera que o verbalismo ocasiona no cego um pensamento superficial e incoerente sobre as diversas características que compõem os objetos; e outra que estuda o verbalismo considerando a idade, QI, grau de experiência e maturidade, ressaltando que os problemas gerados por ele não são tão intensos quanto os indicados por Custforth, porque com a utilização das palavras em diversos contextos e com o aumento das experiências e da maturidade, o cego compreende os reais significados das palavras.

No entanto, é importante destacar que o uso do verbalismo coloca a criança e o adulto cegos em contínuo processo de resolução de conflitos entre suas experiências privadas e o que lhe é descrito verbalmente, principalmente no que se refere ao conceito de "beleza visual" das formas, paisagens e luzes, entre outros. Veiga (1983) ressalta que para o cego congênito não existe a "beleza da forma" no sentido que compreende a visão. O autor, que ficou cego aos dois anos de idade, explica que não sente a beleza da mulher descrita pela linguagem visual. Em uma mulher consegue sentir a maciez da pele e as formas e tamanho das partes de seu corpo, por exemplo, se ela possui um nariz pequeno ou grande, se o rosto é redondo ou fino, se é magra ou não etc. Para ilustrar como o verbalismo pode colocar o cego em um processo contínuo de confusão e decepção entre suas experiências privada e pública, relato a experiência de Veiga em sua primeira visita ao museu Louvre em Paris:

> Na minha primeira visita ao Louvre, quando minha mulher me disse que estávamos diante da Vênus de Milo, parei, extasiado pela recordação de tudo que havia lido sobre esta estátua. Como se estivesse muito alta para lhe chegar com as mãos, arranjei um guarda bondoso que me trouxe

48 SÍLVIA ELENA VENTORINI

um caixote, onde subi para apalpá-la. Foi uma decepção: a rugosidade e frieza da pedra, a poeira acumulada, em nada corresponderam à descrição daquela Vênus de que estava cheio o meu espírito. (1983, p.31)

Esse relato da experiência de Veiga mostra que o cego experimenta o mundo por meio dos sentidos tato, audição, paladar, olfato e cinestesia e que o mundo, muitas vezes, lhe é explicado pela linguagem daqueles que pouco usam esses sentidos para perceber o mundo. Sobre isso Amiralian alerta: "se considerarmos a linguagem como uma tradução de experiências de modelos de mundo, devemos considerar o mundo da criança cega" (1997, p.63). Para Custforth (1969), a pobreza de experiências significativas tornou-se mais evidente quando ele analisou dois exemplos distintos de descrição de uma paisagem por duas pessoas cegas. O primeiro exemplo refere-se ao trecho de uma carta de uma aluna cega, na qual ela relata uma paisagem que lhe foi explicada por meio de uma perspectiva visual. O segundo exemplo relata a apreciação de uma paisagem por uma pessoa cega por meio da exploração do local com seus sentidos. Segue o primeiro exemplo analisado por Custforth:

As vilas dos pescadores de Cornwall são muito pitorescas, quer vistas das praias ou do topo das colinas, com todo os seus barcos velejando no porto. Um dos espetáculos mais impressionantes que me foram descritos é o de barcos flutuando em águas escuras, à noite, com suas luzes brilhando. A cena é completamente tranquila, nem um som chega à praia. Pois, como já disse, os pescadores são silenciosos. A professora e Polly dão uma descrição verbal tão viva que estou enfeitiçada. Quando a lua cheia, serena, flutua no céu, deixando na água uma longa esteira de luminosidade, como um arado cortando um solo de prata, no meu êxtase, apenas posso suspirar. (1969, p.58)

Este é o segundo exemplo:

Ontem regressei de uma semana de férias, passadas num rancho no alto da montanha. A primavera aí é ainda mais deliciosa do que no vale. É uma primavera mais repentina e vertiginosa. Ela golpeia rápido, como

A EXPERIÊNCIA COMO FATOR DETERMINANTE... 49

um soco no nariz . Sábado, dia anterior à minha volta, levantei-me cedo, bem antes das sandálias de palha de Wing começarem a se arrastar pela cozinha, a fim de ver o máximo possível da trilha, e ainda voltar antes do meio-dia. Devia estar quase amanhecendo quando parti, pois o picapau estava começando seu tamborilar sobre o velho toco de árvore atrás do curral, e a poeira sobre a trilha fazia aquele barulho "pluf" macio, frio e úmido, à cada passo. Quando já tinha deixado para trás uma meia milha e passado a maioria dos sinais de civilização, a manhã e a primavera romperam, ao mesmo tempo. Tudo, menos as moitas de asbestos da vegetação rasteira do bosque, encheu-se de atividade, som e odor. A meio caminho da serra principal, sentei-me num aqueduto para descansar e ouvir. O ar estava cheio de odores silvestres matinais, e fragrância de folhas de pinheiro amolecidas pelo mofo, o doce insípido da cenoura branca selvagem, cortado pela fragrância de hortelã-pimenta e flores de azaleia . (idem, p.59)

No primeiro exemplo, verifica-se a valorização do visuocentrismo na descrição verbal da paisagem para a aluna cega. Em sua narrativa sobre o que lhe foi descrito da paisagem, constata-se que ela não explorou por meio dos seus sentidos as características do local e que lhe foram omitidas informações sobre os odores, sons e texturas dos objetos que compunham a paisagem (barcos, mar, areia etc.).

Omitiram-lhe também informações importantes sobre as características culturais e hábitos de vida dos pescadores, já que na visão da aluna os "pescadores são silenciosos". Se lhe tivessem proporcionado a oportunidade de explorar a paisagem por meio de seus sentidos, sua percepção sobre esse local seria totalmente diferente da apresentada e poderia causar-lhe grande conflito por causa das discrepâncias sobre o que percebeu e o que lhe foi descrito .

A análise do segundo exemplo mostra que a experiência da pessoa cega pode ser completa e a expressão, desembaraçada e coerente com a realidade. Mostra também que o cego pode apreciar na íntegra seus próprios valores perceptíveis (idem). Para o autor, torna-se evidente que a descrição da paisagem por meio de uma linguagem visual, retirando o direito do cego de vivenciar a intensidade da paisagem pelos seus sentidos, oculta a beleza da imensidade da experiência.

Finalizo aqui a discussão sobre o verbalismo com a ressalva de que pesquisas e reflexões sobre os benefícios e prejuízos dessa prática tão comum para os cegos ainda nos dias atuais precisam continuar:

Na minha visita ao Louvre, não quis cansar minha mulher com a descrição permanente dos quadros dos salões de pintura. Deixei-a ir sozinha percorrer essas galerias, enquanto eu me fiquei servindo do cassete que explica em francês tudo que se exibe [...]. Quando encontrei minha mulher, eu sabia mais da história dos quadros do que ela, que se não servira do cassete. Sabia mais, mas não tinha a sensação que ela trazia em si. Sabia, mas não sentia. Era o tal verbalismo de que tanto nos servimos nós, os cegos, de que tanto nos empanturram os nossos professores menos avisados. Todas essas coisas precisam ser repensadas na educação dos cegos. Será mesmo inteiramente prejudicial esse verbalismo tão instalado na educação dos que não veem? Ou será que esse verbalismo é, de algum modo, um vínculo que ajuda a manter as relações sociais de que tanto precisa o cego para sua verdadeira sobrevivência? (Veiga, 1983, p.32-3)

4
A UTILIZAÇÃO DE DOCUMENTOS CARTOGRÁFICOS TÁTEIS

Considerações sobre representações espaciais

A leitura dos capítulos anteriores instiga-nos a refletir sobre as dificuldades e habilidades dos sujeitos cegos ao relacionar-se com o espaço, assim como aponta para a importância do desenvolvimento de estudos sobre deficiência visual a partir do próprio sujeito, sem compará-lo com os normovisuais, considerando o grau de perda visual, maturidade, memórias visual e tátil, idade etc. O diálogo com os autores referidos indica a importância da geração de métodos, técnicas e materiais que amenizem as dificuldades que as pessoas com deficiência visual encontram por viverem em um "mundo visual": há para elas um contínuo processo de resolução de conflitos, colocados por conta das discrepâncias entre suas experiências privadas e o que lhes é descrito ou ensinado sobre este mundo.

Para os autores, muitas são as consequências da prática do desenvolvimento de recursos e estudos para as pessoas que são consideradas "deficientes". Neste trabalho, minhas reflexões são sobre as consequências no desenvolvimento da relação das pessoas com deficiência visual com o espaço. Assim, redireciono o diálogo com autores para a reflexão sobre as relações espaciais de pessoas cegas e o desenvolvimento e uso de documentos cartográficos táteis.

52 SÍLVIA ELENA VENTORINI

Para Huertas, Esperanza e Espinosa (1993), apesar de o tema estar em estudo há muito tempo por diversos autores, que vêm produzindo reflexões de extrema importância para a teoria e prática educativa desenvolvida, ainda não há conclusões concretas sobre as relações entre conduta espacial e representação, as distintas variáveis que ajudam as pessoas cegas a conhecerem seu entorno, os métodos mais adequados para objetivar as representações espaciais desses sujeitos e as técnicas de orientação e mobilidade que ocasionam resultados eficazes para as pessoas com deficiência visual.

Constata-se que ainda são numerosos os trabalhos publicados sobre os diversos temas referentes à relação do cego com o espaço tendo como base as relações de pessoas normovisuais (Wiedel & Groves, 1972; Huertas et al., 1993; Ungar, 1988, 2000; Ungar et al. 1996, 2001; Rowell & Ungar, 2003; Ochaíta, 1993; Blanco & Rubio, 1993). Neste trabalho faz-se necessário também tecer considerações sobre o contexto em que as palavras representação espacial estão inseridas.

O termo representação é usado considerando que cada indivíduo tem suas próprias percepções e modos de organizar suas representações sobre o espaço geográfico e não deve ser entendido ou analisado a partir de regras e conceitos da ciência cartográfica, sendo que os produtos dessa ciência devem proporcionar ao indivíduo informações que possibilitem adquirir conhecimentos novos sobre o espaço em que vive e atua. Por esse motivo, não existem padrões para as pessoas elaborarem suas representações dos lugares, pois essas estão em constante processo de mudanças geradas pela ampliação das informações adquiridas pela vivência e relação do sujeito com o local: isso significa que os conhecimentos novos que o indivíduo vai adquirindo continuamente com a experiência obrigam-no a organizar e reestruturar sua própria representação (Huertas et al., 1993).

Para os autores, ao estudar a organização espacial em pessoas com deficiência visual, as diferenças na *organización de rutas* e *configuracional* devem ser consideradas. A *organización de rutas,* aqui traduzida por *organização de rotas,* contém informações sobre relações espaciais sequenciais, em que se estabelecem um ponto de partida e um de chegada, e os objetos existentes entre os dois pontos são designados.

A EXPERIÊNCIA COMO FATOR DETERMINANTE... 53

O trajeto da casa do aluno até a escola é um exemplo de rota. Nesse trajeto, são estipulados um ponto de partida (casa do aluno) e um ponto de chegada (a escola) e os objetos entre os dois pontos (ruas, calçadas etc.). A ideia de *organización configuracional*, aqui traduzida como *organização configuracional*, refere-se às representações que contêm informações de caráter dinâmico e implicam relações que cada objeto mantém com os outros no seu entorno. A representação de um bairro ou uma cidade são exemplos de organização configuracional.

Nesses casos, não há pontos de partida e de chegada predeterminados; o que existe é a representação de um conjunto de objetos que formam o bairro ou a cidade e que mantêm relações entre si. Assim, o contexto dos termos usados pelos autores indica que organização de rotas significa a representação de um trajeto ou uma rota, e organização configuracional siginifica a representação integrada dos objetos que compõem um local, compreendendo suas localizações e relações. A representação de um espaço por uma dessas formas depende da interação completa entre as características do espaço (tamanho, relações, formas etc.) e do indivíduo (idade, personalidade, motivação etc.) e de sua relação e conhecimento sobre o local (Huertas et al., 1993; Espinosa et al., 1998). Para os autores, ao estudar a organização espacial de pessoas cegas, essas devem ser consideradas, pois muitos trabalhos sobre o tema têm indicado que as pessoas cegas possuem dificuldades para organizar suas representações integrando os objetos no espaço.

No entanto, a pesquisa realizada pelos autores acima referidos aponta uma postura mais otimista. A figura 1 ilustra a representação de um colégio por meio de uma maquete, elaborada por um grupo de alunos normovisuais, e a figura 2, a representação do mesmo espaço elaborada por uma menina cega de 14 anos de idade.

Na análise das figuras 1 e 2, constato uma harmonia na distribuição espacial dos objetos e uma extrema semelhança em suas localizações. A menina cega conseguiu elaborar uma representação integrada do ambiente, na qual não há um ponto de saída e um de partida, mas objetos que mantêm relações entre si e formam um conjunto ou ambiente.

Por um lado, a organização espacial envolve, além disso, informações atributivas que se referem às relações particulares que sujeitos

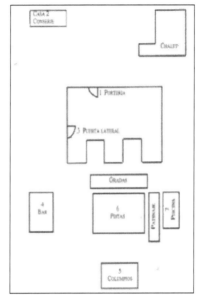

Figura 1 – Representação elaborada por um grupo de alunos normovisuais
Fonte: Huertas et al (1993, p.226)

Figura 2 – Representação elaborada por uma aluna cega de 14 anos de idade
Fonte: Huertas et al. (1993, p.226)

possuem com os locais e que são expressadas nas representações. Por outro lado, essas mesmas representações contêm informações comuns a todos, como as localizações e características físicas dos objetos – por isso as representações, além de aspectos pessoais, contêm aspectos comuns de distâncias e localizações dos objetos (Huertas et al., 1993). Quanto a representações de distâncias, devem ser considerados dois tipos: euclidiana e funcional. A distância funcional corresponde à real, aquela efetivamente percorrida para chegar de um ponto a outro. Essa distância envolve o deslocamento do corpo, considerando o tempo e os desvios mínimos necessários para chegar de um ponto ao outro (figura 3). Geometricamente é como percorrer a menor distância sobre as quadrículas que formam as ruas de uma cidade planejada. Já a distância euclidiana corresponde à menor distância entre dois pontos, desconsiderando os obstáculos entre eles (figura 4).

Para Huertas, Ochaíta e Esperanza (1993), pesquisas vêm mostrando que os cegos congênitos e com pouca memória visual têm dificuldades para estimar distâncias euclidianas: o canal visual é o que permite a estimativa da distância euclidiana entre dois pontos ou objetos no espaço, não sendo necessário o deslocamento físico do sujeito para a observação da distância. No entanto, as mesmas pessoas não apresentam dificuldades significativas para as distâncias funcionais: a distância funcional envolve o deslocamento do sujeito considerando o tempo e os desvios necessários para a realização do percurso.

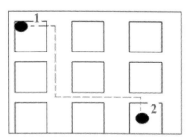 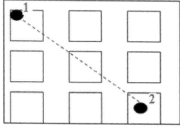

Figura 3 – Exemplo de distância funcional   Figura 4 – Exemplo de distância euclidiana

Para os autores, é a partir da adolescência que alguns sujeitos possuem maturidade e conhecimento para representar espaços

56 SÍLVIA ELENA VENTORINI

integrados respeitando as distâncias funcionais entre os objetos. Ao deslocar-se por um ambiente, o cego necessita que as informações sobre o meio sejam antecipadas em esquemas mentais: nesse ponto, as experiências diversificadas e maturidade são fundamentais para a elaboração desses esquemas.

Ao atingir a adolescência, o sujeito cego terá maturidade para elaborar esquemas mentais mais precisos. No entanto, a qualidade dos esquemas depende da quantidade e qualidade das experiências vividas, orientação e mobilidades etc. As pessoas cegas deslocam-se pelos ambientes com menor segurança que os normovisuais porque o tipo e quantidade de informações que obtêm, por meio de seus sentidos ou descrições verbais, são menores ou inadequadas.

A informação que é relevante para uma pessoa cega pode não ser tão importante para uma normovisual – por exemplo, a localização de obstáculos em área destinada a transeuntes: é necessário informar aos cegos as localizações de árvores, postes, lixeiras e estátuas, entre outros, informação que os auxilia a caminhar em calçadas e em áreas de lazer com segurança. No entanto, esse tipo de informação não é necessário para as pessoas normovisuais, que antecipam a proximidade de obstáculos com grande distância de suas localizações.

Os sujeitos cegos, que usam como recurso a bengala, muitas vezes são surpreendidos pelas partes superiores dos objetos que atingem seus corpos antes de a bengala tocar a parte inferior do objeto, como galhos de uma árvore que atingem o corpo do sujeito, antes de ele tocar o tronco da planta com a bengala. Ao caminhar, os cegos tomam muito mais decisões e prestam mais atenção nas informações sonoras, olfativas, cutâneas e táteis sobre os trajetos percorridos do que as pessoas normovisuais. A formação de esquemas espaciais que permitam antecipar a localização de objetos é mais complexa e pontual.

Os documentos cartográficos podem contribuir para que os cegos formem esquemas espaciais de ambientes, antecipando suas decisões e minimizando a complexidade e pontualidade desses esquemas (Huertas et al., 1993; Espinosa et al., 1998; Ungar, 1988, 2000; Ungar et al., 1996, 2004; Rowell & Ungar, 2003). Para os autores, os documentos cartográficos permitem disponibilizar informações sobre localizações,

A EXPERIÊNCIA COMO FATOR DETERMINANTE... 57

características e relações dos objetos em um tamanho adequado para a exploração pelo tato (tamanho das mãos do cego), permitindo tatear o todo, relacionando os objetos e descentralizando seu corpo como ponto de referência para a localização e exploração de objetos. No entanto, o desenvolvimento de documentos cartograficos para esse público deve partir de estudos do próprio sujeito, considerando suas fases de desenvolvimentos motor, cognitivo, experiências, idade em que adquiriu a deficiência e, principalmente, como ele pode utilizar as informações obtidas por meio dos sentidos para ler e interpretar os documentos.

Ungar, Blades e Spencer (1996) desenvolveram um estudo teórico e prático sobre a capacidade de crianças entre 5 e 12 anos de idade de elaborar esquemas espaciais, tendo como base a pesquisa realizada por Huertas, Esperanza e Espinosa (1993) e instigados pela escassez de trabalhos sobre representação espacial com sujeitos cegos nessa idade. Os resultados da pesquisa dos autores indicam que as crianças cegas são capazes de realizar esquemas espaciais de ambientes pequenos e com poucos objetos. Além disso, a compreensão de como os sujeitos formam os esquemas pode ajudar os pesquisadores a desenvolver documentos cartográficos úteis.

As questões levantadas aqui foram observadas por mim durante o desenvolvimento de atividades para estudar a organização espacial de um grupo de alunos cegos que frequentavam uma escola especial de Araras (SP). Para este trabalho, observei os alunos cegos utilizarem maquetes táteis para descentralizar seus corpos como ponto de referência na localização de objetos. Percebi, assim, como a experiência é importante para a formação de esquemas mentais representando rotas ou ambientes integrados e a distância funcional dos objetos.

Linguagem gráfica tátil

Ao consultar a bibliografia internacional, constatei que é extensa a lista de pesquisas sobre linguagem gráfica tátil. No Brasil o trabalho mais relevante sobre o tema é a tese de doutorado de Vasconcellos intitulada *Cartografia e o deficiente visual* (1993a). No entanto, verifica-se que não houve ainda um consenso entre os pesquisadores sobre a padronização dessa linguagem, assim como sobre a quantidade e tipo de informação e tamanho que devem conter um mapa tátil.

Rowell e Ungar (2003a e 2003b) buscaram coletar dados sobre os objetivos, perspectivas, materiais, finalidades, símbolos e produção de mapas táteis em âmbito internacional. A pesquisa divulgada pelos autores reforça a afirmação sobre a não existência de consenso entre os pesquisadores que desenvolvem documentos cartográficos táteis. Os mapas são desenvolvidos em tamanhos diversos, como o tamanho de folha A4, seguido do A3 e de outros. Para os autores, há três explicações possíveis:

a) *Tamanhos que facilitam a leitura*: os tamanhos utilizados respeitam, em grande parte, as distâncias consideradas adequadas entre as duas mãos para a exploração das representações, utilizando pontos de referências que permitem codificar e relacionar as localizações dos objetos no mapa. Os autores destacam que, nas respostas, enfatizou-se a preferência por mapas táteis cujo tamanho não ultrapassasse em muito dois palmos.

b) *Tamanhos adequados para a distribuição e transporte*: geralmente os mapas táteis são danificados ao serem dobrados ou enrolados. Assim, os mapas pequenos podem ser distribuídos e transportados dentro de pastas e bolsas, diminuindo os riscos de danos durante o transporte.

c) *Meio de produção*: o meio de produção também influencia na escolha do tamanho do mapa tátil. A maioria das máquinas utilizadas para produzir cópias em alto relevo por meio do uso do papel microcapsulado e do plástico para máquina Termoform não utiliza papel de tamanho superior ao A3.

Rowell e Ungar (2003b) constataram que 85% das respostas indicam que os mapas táteis encontram-se em um único exemplar. Outro dado importante refere-se à representação de áreas grandes. Quando há necessidade de representar grandes dimensões da superfície terrestre, 52% dos pesquisadores representam a área em diversos mapas, muitas vezes elaborando um atlas. Os dados coletados também indicam que há produção de mapas táteis para livros didáticos.

A EXPERIÊNCIA COMO FATOR DETERMINANTE... 59

Além disso, esses mesmos autores coletaram e divulgaram dados sobre aspectos dos elementos dos mapas (símbolos, legenda, orientação, limites e quadrículas). A análise dos dados por eles divulgada indica que os pesquisadores julgam importante utilizar esses aspectos em mapas táteis, adaptando-os às necessidades dos usuários. Por serem muito variadas as necessidades e capacidades de exploração e utilização dos mapas táteis por pessoas cegas, não há muitos avanços no sentido de padronizar esses aspectos.

Para Coulson (1991), ao elaborar um mapa tátil, deve-se estar ciente de que a exploração pelo tato não pode fornecer ao usuário a mesma resolução de detalhes percebida pelos olhos. Além disso, a observação por meio dos dedos ocorre ponto a ponto, não podendo ser observado o todo, como ocorre com a visão. Por isso os mapas táteis devem representar a realidade por meio de símbolos que sejam facilmente reconhecidos.

Outro importante critério refere-se à escolha dos materiais para a elaboração do material gráfico tátil (maquete, mapa e gráfico) (idem). Eles devem ser agradáveis de manusear, ter texturas distintas, cores fortes e informações em escrita convencional e braille. As cores fortes e as informações nas duas escritas possibilitam seu uso tanto por pessoas de baixa visão quanto por normovisuais.

De acordo com minha experiência em atividades em sala de aula com alunos com deficiência visual, observei que a limitação do tamanho do material gráfico tátil, somada ao campo de abrangência do tato, faz dos exageros vertical e horizontal um recurso muito importante na elaboração de documentos táteis. O que poderia ser considerado falta de rigor cartográfico em um mapa para normovisuais pode ser considerado adequado para pessoas com deficiência visual.

Por meio da visão, distinguem-se, facilmente, as diferenças das formas geométricas pequenas (símbolos cartográficos, como os usados para representar minérios); o mesmo não ocorre por meio do tato. Elementos representados com dimensões pequenas podem ter suas formas confundidas pelo usuário cego, por ele não conseguir percorrer com o dedo seus contornos, apenas senti-las na forma de pontos (círculos).

60 SÍLVIA ELENA VENTORINI

É importante destacar que, dependendo do tamanho e largura dos símbolos, eles podem não ser identificados por meio do tato ou podem gerar uma desarmonia extremamente exagerada em relação ao tamanho da área representada no mapa e os objetos nele representados. Wiedel e Groves (1972), em sua pesquisa sobre desenho, reprodução, leitura e interpretação de mapas táteis como facilitador para o processo de mobilidade de pessoas cegas em ambientes urbanos (prédios, repartições públicas e cidades, entre outros), apresentaram como resultado uma simbologia que pode ser utilizada para o desenvolvimento de mapas táteis. Em seu estudo, concluíram que, dentre as variáveis visuais, as linhas são as mais adequadas para a linguagem gráfica tátil, por serem facilmente reconhecidas por meio do tato. No quadro 1, apresenta-se a simbologia proposta pelos autores para mapas de mobilidade.

Quadro 1 – Símbolos propostos por Wiedel e Groves

SÍMBOLOS PROPOSTOS POR WIEDEL E GROVES (1972) PARA MAPAS DE MOBILIDADE		
Símbolos para plantas táteis de construções		Símbolos para mapa de um trecho de uma cidade (quarteirão, bairro, dentre outros)
Limite da área	● ● ● ● ●	Limite da área
Ampla área pavimentada	▨	Ampla área pavimentada
Calçada	●●●●●●●●●●●	Calçada
Muro ou Barreira	▬▬	Limite da estrada ou falta de calçada
Parte de uma barreira (muro)	▬ ▬ ▬ ▬	Divisão entre duas construções
Poste ou coluna	◯	Árvore ou poste
Quarteirão	▢	Quarteirão
Entrada	△	Entrada
Escada	❘ ●●●●●	Escada
Escada rolante	❘❘ ●●●●●	Escada rolante

Adaptado de Wiedel e Groves (1972, p.32)

A EXPERIÊNCIA COMO FATOR DETERMINANTE... 61

Em sua pesquisa, os autores constataram que um agrupamento pequeno de linhas pontilhadas é eficiente para representar áreas pavimentadas, bem como o uso de uma única linha pontilhada é eficiente para representar calçadas e passarelas. Os símbolos construídos a partir de linhas também são adequados para representar diversos objetos, por serem facilmente reconhecidos por meio do tato. Por isso, círculos foram usados para representar obstáculos (árvores e postes) em trajetos para transeuntes, triângulos para entradas de estabelecimentos, quadrados para limite de área etc.

Wiedel e Groves também buscaram uma padronização de símbolos com ênfase nos que poderiam representar ruas, estradas e avenidas. No entanto, não houve um consenso em função da dificuldade de disponibilizar nos mapas táteis informações como, por exemplo, nomes de ruas. Essas informações foram inseridas de três maneiras: dentro da área do mapa, acima da representação da estrada e em uma legenda à parte.

Para os pesquisadores, cada uma dessas formas tem suas vantagens e desvantagens. Por exemplo, a informação disponibilizada ao lado do símbolo ou dentro da área do mapa tátil facilita sua localização e leitura, no entanto limita a quantidade de informação em função do tamanho que a palavra em braille ocupa. Nomes extensos de ruas ou avenidas, ao serem escritos em braille, muitas vezes ocupam no mapa uma área maior do que a destinada à sua representação.

A elaboração de uma legenda possibilita a inserção de uma quantidade maior de informações, no entanto torna o processo de leitura mais lento e, frequentemente, cansativo e desestimulante para o cego. O usuário cego realiza a exploração do mapa utilizando os dedos das duas mãos e também faz a leitura das informações pelo mesmo processo. Ou seja, para ler um item na legenda, ele retira as mãos do mapa e, depois da identificação desejada na legenda, retorna os dedos ao local que estava explorando anteriormente para, a partir desse ponto, continuar sua observação/exploração do documento. Esse processo pode tornar-se cansativo e desestimulante para o leitor, se o mapa possuir muitas informações.

Em pesquisa bibliográfica sobre o tema, constatei que a maioria dos trabalhos realizados na área da cartografia tátil segue a linha da

62 SÍLVIA ELENA VENTORINI

adaptação; busca-se adaptar a linguagem gráfica visual para a tátil, desconsiderando, muitas vezes, as diferenças entre a percepção e organização espacial entre pessoas cegas congênitas, pessoas com cegueira adquirida e pessoas normovisuais.

Para Wiedel e Groves (1972a), esses pesquisadores são, em sua grande maioria, geógrafos e cartógrafos cujas publicações indicam que o *design*, símbolos e reprodução de documentos cartográficos são os principais focos de seus trabalhos. Nas publicações de Lai (1985), Pike et al. (1992), Vasconcellos (1992, 1993a, 1993b, 1996), Almeida & Tsuji (2005), Tatham (1988, 1993) e James (1982), constata-se a transposição citada por Wiedel e Groves (1972a). Embora esses trabalhos tragam importantes contribuições sobre *design*, símbolos, técnicas e métodos de construção e reprodução de documentos cartográficos, os dados fornecidos não são suficientes para a compreensão de como as pessoas cegas de nascença ou as com cegueira adquirida que, nesse caso, possuem memória visual podem beneficiar-se desses documentos para ampliar seus conhecimentos sobre o espaço.

Destaco aqui a importância das pesquisas de Simon Ungar (1988, 1996, 2000) sobre a utilização de mapas táteis por crianças e adultos cegos congênitos, com cegueira adquirida, com baixa visão e normovisuais. Para o autor, poucos estudos enfocam os meios pelos quais as pessoas cegas usam sua experiência para compreender e beneficiar-se de mapas táteis. O modo pelo qual as crianças cegas elaboram representações mentais do local vivido é de extrema importância para compreender o papel que a experiência sensória desempenha no desenvolvimento da cognição do espaço. Além disso, pode fornecer aos pesquisadores e educadores dados importantes que permitam gerar material didático tátil e atividades que contribuam para essas crianças ampliarem seus conhecimentos sobre o espaço (Ungar, 1996). Nesse sentido, antes de buscar símbolos, métodos e técnicas de construção e reprodução de documentos cartográficos, faz-se necessário compreender como esse grupo de usuários percebe e organiza os objetos no espaço. A percepção da questão orientou-me no trabalho de campo na escola especial à qual venho referindo-me ao longo deste trabalho. Assim, no próximo capítulo descrevo parte dessa experiência.

5
A EXPERIÊNCIA NA ESCOLA ESPECIAL

Apresentação da escola especial e dos alunos com deficiência visual

O diálogo com os referidos autores nos capítulos antecedentes indica os conflitos que as pessoas com deficiência visual encontram por viverem em um "mundo visual". Há para eles um contínuo processo de resolução de problemas, colocados por conta das discrepâncias entre suas experiências privadas e o que lhes é descrito ou ensinado sobre este mundo. Esse diálogo remete a reflexões sobre a adaptação de material didático para ensinar às pessoas com deficiência visual o que se acredita ser aprendido, normalmente, pela observação visual.

É recorrente na literatura, principalmente no Brasil, que a adaptação da linguagem gráfica visual para a tátil contribui para o ensino e a aprendizagem de conceitos geográficos e cartográficos para alunos com deficiência visual. No entanto, a experiência na temática vem instigando-me a refletir sobre essa prática, sem um estudo a partir do próprio sujeito, desconsiderando, muitas vezes, os mecanismos e as experiências diretas e indiretas que os alunos cegos e de baixa visão usam para perceber, conhecer, entender e organizar o espaço geográfico.

64 SÍLVIA ELENA VENTORINI

Essa inquietação orientou meu trabalho de campo na escola especial de Araras e impulsionou-me a adotar a perspectiva não comparativa de coleta e análise de dados no estudo da organização espacial das pessoas com deficiência visual por meio de práticas tendo como material de apoio maquetes táteis representando o local vivido dos alunos. Dessa forma, os resultados obtidos com os alunos cegos não foram comparados nem analisados com os obtidos com os alunos de baixa visão. Assim, as atividades realizadas por mim na escola especial tiveram, desde seu início, dois eixos norteadores: o sistema sensorial de apreensão do mundo pelas crianças cegas e o sistema sensorial de apreensão do mundo pelas crianças de baixa visão.

Tendo esses eixos como guias, parti para a coleta e análise dos dados, verificando se os conjuntos didáticos e as atividades desenvolvidas respeitavam as diferenças de percepção, organização do espaço, níveis de conhecimento escolar, maturação, idade em que adquiriram a deficiência e necessidades educacionais especiais dos alunos, ao mesmo tempo em que lhes ofereciam experiências diversificadas. As atividades e conjuntos didáticos também deveriam contribuir para a compreensão de como os alunos cegos e de baixa visão organizam os objetos no espaço, bem como proporcionar a valorização de suas habilidades, sem compará-los. Deveriam também gerar situações que contribuíssem para a ampliação de seus conhecimentos sobre o local vivido e promover momentos de integração entre esses educandos dentro da escola especial.

O grupo de alunos da escola especial possuía características muito distintas relacionadas à idade, grau de escolaridade e de maturação, memória visual e idade em que adquiriram a deficiência. Portanto, primeiramente as atividades com maquetes eram aplicadas individualmente e depois coletivamente. Desde o início do trabalho na escola especial, busquei compreender e respeitar as distintas características dos alunos procurando desenvolver material didático e atividades que atendessem às suas necessidades, sem compará-los.

É importante destacar o longo tempo que destinei ao trabalho com esse grupo de alunos: isso me permitiu conhecer detalhes de suas necessidades e habilidades, bem como seus fatores geradores. O trabalho de coleta de dados na escola especial durou quatro anos e seis meses,

A EXPERIÊNCIA COMO FATOR DETERMINANTE... 65

durante os quais acompanhei as aulas dos alunos cegos e de baixa visão duas vezes por semana, em um total de oito horas semanais. Este trabalho foi realizado enquanto cursava a graduação em Licenciatura em Geografia da Universidade Estadual Paulista. A partir de 2005, com meu ingresso no curso de mestrado em Geografia da referida universidade, objetivei analisar os dados coletados tendo como base autores que seguem a linha de análise não comparativa de resultados.

Retomando os procedimentos adotados na coleta de dados, julgo importante salientar que em decorrência das características distintas dos alunos, optei por ter como foco principal do meu trabalho a flexibilidade, ou seja, as atividades ou o material tátil gerado (principalmente maquetes) eram alterados em função dos resultados obtidos e das dificuldades e necessidades expressas pelos alunos ao longo do seu desenvolvimento e aplicação. Durante o trabalho de campo na escola, novos alunos ingressaram no projeto. Quando um aluno ingressava na escola desenvolvia atividades com maquetes visando a sua participação na pesquisa e a sua integração com os colegas de classe. Realizava-se, ainda em relação ao novo aluno, um trabalho com os professores, a coordenadora e a direção da escola, coletando dados referentes às causas da perda da visão, às necessidades especiais do aluno, questões psicológicas, trabalho de mobilidade e reabilitação para o desenvolvimento de atividades da vida diária como ler, escrever e caminhar, entre outras.

Considero importante que o leitor tenha informações sobre a realidade escolar em que meu trabalho foi realizado. O contexto escolar dos alunos em muito influenciou nos resultados que obtive. Além disso, é fundamental apresentar as distintas características dos educandos. Por isso, descrevo a seguir essas informações.

Escola especial

Como ressaltado anteriormente, esta pesquisa, cujo objetivo foi compreender como um grupo de alunos com deficiência visual organiza os objetos no espaço, conta com a experiência de campo realizada na Escola Municipal Integrada de Educação Especial (EMIEE) Maria

66 SÍLVIA ELENA VENTORINI

Aparecida Muniz Michelin – José Benedito Carneiro – Deficientes Auditivos e Deficientes Visuais. Para a compreensão das funções desenvolvidas por essa unidade durante o período do estudo, apresenta-se sua caracterização. As informações apresentadas atêm-se ao período de 2000 a 2004, durante o qual foram coletados os dados apresentados neste trabalho. É importante ressaltar que a partir do ano de 2005 ocorreram mudanças relativas ao número de salas de aulas destinadas a cada deficiência e ao número de professores e alunos. A unidade passou a receber alunos autistas e reestruturou-se da seguinte forma: de reforço, passou a escola de ensino fundamental, contando com nova diretoria e variações no quadro de profissionais; ao tornar-se escola de ensino fundamental, não pôde mais atender aos alunos do ensino médio e de nível universitário que frequentavam a escola.

No período da pesquisa a escola figurava como uma das poucas da região de Araras, estado de São Paulo, a oferecer aos alunos cegos, de baixa visão e surdos uma educação voltada à formação do indivíduo, conforme a Nova Lei de Diretrizes e Bases: sua meta era oferecer subsídios que integrassem esses alunos à rede pública regular de ensino. Sua fundação data de 1986 e inicialmente atendia alunos surdos. As pessoas cegas e de baixa visão do município, nessa época, eram atendidas pela Promoção Social, que realizava um trabalho de caráter unicamente assistencialista. Já em 1989, a escola passou a atender alunos com deficiência visual.

No ano de 2004, a escola atendia 57 alunos: 47 surdos, 4 cegos, 4 com visão subnormal e 2 com deficiência dupla (perda total da visão e déficit mental). Do total de alunos apresentados, 87% (cinquenta alunos) frequentavam aulas de reforços na escola especial em um período do dia e aulas nas escolas regulares em outro período. Sua estrutura era composta, então, de dez salas de aula, uma oficina pedagógica e dois laboratórios de informática, equipados 15 computadores cada, 1 impressora em braille, 2 impressoras a jato de tinta e 1 multifuncional. Além disso, a unidade possuía 3 máquinas Perkins e 5 regletes de mesa para escrita em braille. Seu corpo docente era composto por 17 professoras e faziam parte ainda do quadro de funcionários 1 fonoaudióloga, 1 psicóloga e 1 terapeuta ocupacional.

A EXPERIÊNCIA COMO FATOR DETERMINANTE... 67

A unidade especial atendia alunos em dois períodos (manhã e tarde). Das dez salas de aula, sete eram destinadas à deficiência auditiva e três à deficiência visual. Na oficina pedagógica os alunos surdos faziam trabalhos artesanais, como tapeçaria, trabalhos com jornais, cartões comemorativos etc. Até 2002, a idade mínima para o ingresso de alunos na escola era três anos. A partir de 2003, a unidade passou a oferecer trabalho de estimulação precoce para bebês, desde seus primeiros meses de vida. As funções desenvolvidas pela escola consistiam na estimulação precoce, na alfabetização em braille e escrita convencional, na mobilidade, estimulação da percepção tátil e visual, na reabilitação de pessoas que perderam a visão e no ensino da Língua Brasileira de Sinais (Libras) para os alunos surdos.

Ao serem matriculados, os alunos com deficiência visual iniciavam atividades de reabilitação,[1] estimulação do desenvolvimento tátil e/ ou visual (dependendo do grau da perda visual), com base nos diagnósticos médico e psíquicopedagógico. Os alunos surdos iniciavam a aprendizagem da Libras. Junto a essas atividades, levando em conta a faixa etária, iniciava-se o processo de alfabetização com a escrita braille (para o aluno cego) ou com a escrita convencional (para o aluno de baixa visão ou surdo). Após o processo de alfabetização, o educando era preparado para ingressar em uma escola regular.

A preparação do ingresso de um aluno na escola regular era planejada pela direção, coordenação, profissionais da saúde e professores da unidade especial juntamente com seus responsáveis. Após o consenso sobre qual escola regular atenderia o aluno, eram realizadas reuniões entre os profissionais das duas unidades e o responsável pelo aluno para discutir os procedimentos que o beneficiariam na classe comum. O educando cego contava com o desenvolvimento de um trabalho de mobilidade e orientação na escola regular, cujo

---

1   O processo de reabilitação, orientado por profissionais especializados como terapeutas ocupacionais, psicólogos e psicopedagogos, é realizado com sujeitos que já enxergam e por algum motivo perderam a visão. Os alunos aprendiam a desenvolver atividades da vida diária sem a utilização do canal visual.

68 SÍLVIA ELENA VENTORINI

objetivo era fornecer informações sobre as características dos ambientes – tipos de pisos, obstáculos, localização de salas de aula, banheiro, pátio etc. Os educandos na faixa de idade de três a seis anos também eram preparados para ingressar em uma Escola Municipal de Ensino Infantil. Uma ficha com informações sobre o educando, como seu perfil psicológico, patologia que gerou a deficiência, grau e tipo de deficiência, suas limitações, habilidades e necessidades educacionais especiais era disponibilizada para os profissionais da escola regular, a fim de colaborar com condições favoráveis ao aluno em seu convívio social dentro da escola regular.

Ao ser matriculado em uma escola regular, o educando passava a frequentar aulas nessa unidade em um período do dia e aulas de reforço na escola especial em outro período. O material didático utilizado pelo aluno na escola regular era transcrito para o braille ou colocado em relevo pelos profissionais da unidade especial. Sempre que necessário, a escola especial fornecia ao aluno equipamentos para o bom andamento das atividades na escola regular, como máquinas Perkins ou reglete de mesa para escrita em braille, cubarítimos para realização das atividades matemáticas e pranchetas adaptadas para desenhar.

Em um intervalo de dois a três meses, os alunos cegos, com baixa visão e surdos participavam de excursões temáticas cujo objetivo principal era oferecer a eles experiências diversificadas, nas quais aprendiam vivenciando. Um tema era trabalhado em todas as salas de aulas da escola especial e após a finalização deste, todos os alunos eram levados a um lugar que possuía as características do tema abordado. Por exemplo, num determinado momento as professoras trabalharam, em sala de aula, a importância do tratamento do esgoto; posteriormente os alunos visitaram a estação de tratamento de esgoto do município de Araras.

Os profissionais da escola especial promoviam, paralelamente, atividades de integração entre os educandos, como participação em peças de teatros, realização de festas para os aniversariantes do mês e excursões para parques de diversões e temáticos. Observou-se, no

A EXPERIÊNCIA COMO FATOR DETERMINANTE... 69

decorrer da pesquisa, que esta proposta pedagógica, ao oferecer aos alunos experiências diversificadas, possibilitou a relação de suas experiências sensoriais com os conceitos teóricos abordados nas aulas. Nesse sentido, a unidade em questão desenvolvia um trabalho que contribuía significativamente com os princípios de integração e reconhecimento da necessidade de *ação* para constituir "escolas para todos" – ou seja, instituições inclusivas, que reconheçam suas diferenças, promovam a aprendizagem e atendam as necessidades de cada um (Unesco, 1994). A escola enfrentava, no entanto, dificuldades para acessar material didático atualizado, principalmente para os alunos cegos e de baixa visão, como livros em braille, mapas, gráficos, tabelas etc. Naquele período, é importante destacar, muitos dos recursos financeiros obtidos pela unidade para a aquisição de equipamentos e para a realização de excursões temáticas provinham de doações de empresários e entidades não governamentais. Dessas doações, destacam-se as destinadas para a montagem dos laboratórios de informática, para a compra da impressora em braille e de três máquinas Perkins para escrita braille.

Grupo de alunos

No meu estudo, optei trabalhar com toda a comunidade de alunos com deficiência visual da escola especial, com exceção de dois alunos que tinham deficiência mental associada à deficiência visual. Participaram do estudo, como mostra o quadro 2, alunos desde a pré-escola até o nível superior. Eram sete do sexo masculino e três do sexo feminino, com idades variando de oito a 34 anos. Com o intuito de preservar a identidade dos alunos, opto pela utilização de nomes fictícios e não apresentar suas imagens.

Cada pessoa, com ou sem necessidades especiais, possui características próprias que a diferenciam das outras: cada educando que participou do estudo tinha habilidades e dificuldades distintas, alcançando assim resultados diferentes nas atividades escolares e da vida cotidiana, como se constata a seguir.

70 SÍLVIA ELENA VENTORINI

Quadro 2: Características dos alunos cegos e de baixa visão

Nomes fictícios dos alunos	Sexo	Grau de perda		Idade em que adquiriu a deficiência	Idade em que participou da pesquisa		Nível escolar em que adquiriu a deficiência	Nível escolar e ano em que participou da pesquisa		Alfabetização
		C*	BV		Início	Final		Início	Final	
João	M	X		3 anos	10	15	Pré-escolar	2ª série E. F. 2000	5ª série E.F. 2004	Braille
Laura	F	X		Gradual (desde o nascimento) - perda total aos 10 anos de idade	9	14	Maternal	Pré-escolar 2000	2^a E.F 2004	Braille
Léo	M	X		20 anos	32	34	8ª série E.F.	8ª série E.F. 2000	3ª série E.M. 2003	Escrita convencional e leitura e escrita em braille
Ivan	M	X		12 anos	14	16	6ª série E.F.	6ª serie E.F. 2002	7ª série E.F. 2004	Escrita convencional e em processo de aprendizagem do braille
Júlio	M	X		20 anos	21	22	E. S I.	E. S I. 2004	E. S I. 2004	Escrita convencional e em processo de aprendizagem do braille
Pedro	M		X	Nascença	7	10	Maternal	1ª série E.F. 2000	3ª série E.F. 2002	Escrita convencional
Horácio	M		X	Nascença	8	11	Maternal	2ª série E.F. 2001	4ª série E.F. 2004	Escrita convencional
Fabiana	F		X	Nascença	13	16	Maternal	5ª série E.F. 2002	7ª série E.F. 2004	Escrita convencional
Camila	F		X	Nascença	14	17	Maternal	5ª série E.F. 2002	7ª série E.F. 2004	Escrita convencional
Paulo	M		X	Nascença	11	14	Maternal	4ª série E.F. 2002	6ª série E.F. 2004	Escrita convencional

Siglas: C: cego, BV: baixa visão, M: masculino, F: feminino, E.F.: Ensino Fundamental, E.M.: Ensino Médio; E.S.I.: Ensino Superior Incompleto

A EXPERIÊNCIA COMO FATOR DETERMINANTE... 71

Caracterização dos alunos cegos

Aluno João: começou a apresentar problemas visuais aos três anos de idade e, aos cinco anos, ficou cego. Em função da perda precoce da visão, não possuía memória visual significativa sobre objetos no espaço, portanto apresentava dificuldades em compreender conceitos sobre distância métrica, tamanho e forma. No entanto, João possuía excelentes mobilidade e orientação e não apresentava dificuldades para explorar e locomover-se em ambientes novos, inclusive para andar de bicicleta; dominava a escrita e a leitura em braille, tinha significativo conhecimento das formas das letras do alfabeto convencional, ótima sensibilidade tátil e auditiva e habilidades para desenhar em alto relevo e sem relevo,[2] brincava na rua e passeava de ônibus e a pé pela cidade de Araras, em companhia de amigos da mesma idade ou mais velhos.

Oriundo de uma família de baixa renda, o aluno, em momentos em que não estava nas escolas (regular e especial), ficava em companhia da irmã ou de amigos da mesma ou com pouca diferença de idade, para que a mãe pudesse trabalhar. Esse fato permitia ao educando explorar ambientes e objetos sem proteção ou cuidados excessivos, comuns das mães com crianças com necessidades educacionais especiais.

João desenhava na lousa com giz e orientava-se nos traços do desenho, mesmo sem vê-los ou senti-los. Uma de suas brincadeiras preferida era desenhar objetos na lousa e solicitar que pessoas dotadas de visão adivinhassem o que eram. As habilidades de desenho do educando resultavam do trabalho de estimulação realizado na escola especial. Desde os três anos de idade, o aluno realizava tarefas de desenhos na escola, sempre associando as figuras desenhadas a objetos reais ou a miniaturas.

---

2 Os alunos cegos desenhavam utilizando uma prancheta de madeira revestida com tela fina, giz de cera e papel A4 gramatura 40. Ao desenhar com giz na folha sobre a prancheta, os traços eram desenhados em alto relevo, permitindo que os cegos os sentissem pelo tato.

72 SÍLVIA ELENA VENTORINI

Esse educando destacava-se nas atividades da escola regular, obtendo quase sempre notas altas. Entretanto expressava, constantemente, sua insatisfação por não receber as atividades ou o material didático tátil adaptado a suas necessidades ao mesmo tempo em que os alunos normovisuais. O aluno recebia cópias do material e das atividades fornecidas aos colegas de classe e as levava para serem adaptadas a suas necessidades na escola especial. Quando retornava à escola regular com as atividades e o material adaptado, dificilmente o professor retomava aquele conteúdo.

Outra reclamação referia-se às provas, que eram realizadas na escola especial, longe de seus colegas normovisuais e sem a professora para tirar suas dúvidas sobre a matéria trabalhada. Seu questionamento era: por que as atividades (provas, exercícios) e material didático não eram enviados para a escola especial com antecedência para serem adaptados a suas necessidades, facilitando-lhe o acesso no mesmo tempo e contexto dos seus colegas de classe?

* * *

Aluna Laura: nasceu com problemas visuais ocasionados por doença degenerativa. Sua perda visual foi gradativa e aos dez anos de idade ficou cega. Por ter perdido a visão gradativamente e pela precocidade com que adquiriu a deficiência, possuía pouca memória visual e tátil: antes de ficar cega, o resíduo visual de Laura não era suficiente para observar formas, tamanhos e localização de objetos no espaço e, portanto, para a visualização do formato das letras do alfabeto convencional. Além disso, a aluna não identificava e confundia algumas cores, por exemplo, o azul e o vermelho com preto, o verde com o vermelho.

Aos oito anos de idade possuía um campo visual do tamanho aproximado de um grão de arroz. Por esse motivo, não foi possível realizar sua alfabetização por meio do alfabeto convencional, embora recebesse estimulação para o resíduo visual. Em 2001, a aluna perdeu totalmente a visão e passou a ser estimulada a desenvolver sua percepção tátil. Com essa estimulação foi possível, em 2002, iniciar sua

A EXPERIÊNCIA COMO FATOR DETERMINANTE... 73

alfabetização com a escrita braille, e em 2003 Laura foi matriculada na primeira série do ensino fundamental em uma escola regular.

Provavelmente por causa da perda gradativa de visão, da ausência de um trabalho de reabilitação antes de seu ingresso na escola especial e da proteção excessiva da família em atividades de deslocamento, a aluna apresentava dificuldades de mobilidade e locomoção em ambientes pouco conhecidos, bem como para (re)conhecer formas, distância métrica e tamanho dos objetos. Em 2004, sua percepção tátil ainda não era bem desenvolvida e, por isso, sua leitura em braille e exploração de material didático tátil, muitas vezes, eram lentas. No entanto, Laura não apresentava dificuldades de aprendizagem, embora necessitasse de um tempo maior, em relação aos outros alunos cegos, para realizar as atividades.

A família de Laura pertencia à classe média baixa e ela ficava na companhia da mãe nos momentos em que não estava na escola.

* * *

Aluno Ivan: perdeu a visão e todos os movimentos do corpo aos 12 anos de idade em razão de um tumor cerebral. Após uma cirurgia para a retirada do tumor, recuperou os movimentos do corpo, mas não recuperou a visão. Em 2002, aos 16 anos, começou a frequentar as aulas na escola especial para desenvolver sua estimulação tátil e aprender o braille – já era alfabetizado com a escrita convencional e havia cursado até a sexta série do ensino fundamental em uma escola regular. Antes desse período Ivan não havia recebido um tratamento de reabilitação para a realização das atividades da vida diária e por isso apresentava muitas dificuldades para orientar-se e locomover-se nos ambientes, assim como para diferenciar e reconhecer texturas, formas e o tamanho de objetos pelo tato. Possuía, no entanto, significativa memória visual e sempre buscava compreender e reconhecer as características dos objetos usando essa memória.

Durante os primeiros sete meses do ano de 2003, o aluno apresentou resultados positivos nas atividades de locomoção, estimulação tátil, atividades da vida diária e atividades desenvolvidas dentro

74 SÍLVIA ELENA VENTORINI

desta pesquisa, assim como na aprendizagem da escrita braille. Os resultados alcançados nas atividades escolares e da vida diária demonstravam que estava preparado para voltar a frequentar aulas em uma escola regular no ano de 2004. Os procedimentos para seu retorno à escola regular estavam sendo desenvolvidos.

No entanto, em outubro de 2003 seu quadro clínico agravou-se: um novo tumor cerebral foi localizado e removido por meio de cirurgia. Essa patologia e seu tratamento ocasionaram perda de parte da audição do ouvido direito e da memória, gerando um retrocesso no aprendizado conquistado até aquele momento pelo aluno, por meio da dedicação das professoras na escola especial. Essa perda afetou lembranças de sua infância, nomes de familiares e amigos, dados sobre sua vida (como data de nascimento e idade). Durante o ano letivo de 2004, observei que os profissionais da escola especial, dentro das suas possibilidades, ofereceram ao aluno o apoio necessário para que ele superasse suas dificuldades, mas não obtiveram êxito. Sua família pertencia à classe de baixa renda, o que limitava o tratamento do aluno aos oferecidos pela escola e pelos órgãos públicos de saúde.

O aluno continuou participando da minha pesquisa, apresentando muitas dificuldades para realizar atividades de diferenciação de texturas e formas de objetos, assim como de orientação e locomoção.

***

Aluno Léo: perdeu a visão aos vinte anos de idade, por glaucoma. Realizou sua reabilitação no Centro de Estudos e Pesquisas em Reabilitação Prof. Dr. Gabriel O.S. Porto (Cepre) da Universidade de Campinas (Unicamp), estado de São Paulo. Apresentava, portanto, agilidade para realização de atividades da vida diária, como escrever e ler em braille, e para locomover-se em espaços nos quais foram realizados os trabalhos de sua orientação e mobilidade, como locais do centro de Campinas, da Unicamp e da cidade de Araras. Sua sensibilidade tátil era bem desenvolvida, no entanto, para reconhecer objetos e compreender conceitos, utilizava-a em conjunto com a memória visual que possuía.

A EXPERIÊNCIA COMO FATOR DETERMINANTE... 75

Léo foi alfabetizado com a escrita convencional, pois cursou até a oitava série em uma escola regular antes de perder a visão. No ano 2000, o aluno cursava o primeiro ano do ensino médio por meio do Telecurso 2000, e embora esse sistema não exigisse que o aluno frequentasse regularmente aulas presenciais em uma escola regular, Léo considerava importante o acompanhamento dessas aulas. Assim, suas atividades escolares eram realizadas em uma escola regular em um período do dia e na escola especial em outro período. Em relação ao sistema de ensino do Telecurso 2000, o aluno expressava as dificuldades enfrentadas com as aulas disponibilizadas em vídeos, por exemplificarem conteúdos utilizando muitas imagens. Assim como o aluno João, Léo desejava ter material adaptado à sua necessidade no mesmo período de seus colegas de classe.

Léo morava com sua irmã e o marido dela que trabalhavam fora, por isso em períodos em que não estava nas escolas ficava em casa sozinho. A renda financeira de Léo era oriunda da aposentadoria obtida por causa da deficiência visual.

* * *

Aluno Júlio: este educando ficou cego aos vinte anos, após levar um tiro durante um assalto, no inicio de 2003. Passou a frequentar as aulas na escola especial no final do primeiro semestre de 2004. Foi alfabetizado com a escrita convencional e cursou até o primeiro ano do curso de licenciatura plena e bacharelado em Educação Física na União das Faculdades da Fundação Hermínio Ometto (Uniararas), Campus de Araras. Diante do incidente, desistiu do curso de Educação Física e passou a frequentar as aulas na escola especial com o objetivo de aprender o braille e, assim, continuar seus estudos.[3]

No ano de 2004, os profissionais da escola especial iniciaram o trabalho de mobilidade, orientação, estimulação da percepção tátil e aprendizagem do braille. Como a perda visual era recente, o aluno apresentava boa memória visual e muitas dificuldades de locomoção e orientação.

---

3 O intuito do aluno não era retornar ao curso de Educação Física, mas cursar Psicologia.

Júlio pertencia à classe de renda média baixa e morava com os pais e uma irmã. Na observação de campo, constatou-se que tanto Júlio quanto sua família estavam passando pelo processo de aceitação e de reestruturação familiar pelo qual passa um sujeito que perde a visão por meio de uma fatalidade.

Caracterização dos alunos de baixa visão

Os alunos Pedro, Horácio, Camila, Fabiana e Paulo possuíam baixa visão ocasionada por patologias distintas, porém apresentavam em comum o nistagmo. Esses educandos frequentavam aulas em escolas regulares e na escola especial, e apresentavam, em comum, as seguintes necessidades educacionais especiais:
- ampliação e reforço com cores fortes de linhas e pautas de cadernos, letras de livros, figuras e imagens;
- adequações de ambientes como luz forte, uso de porta-texto para elevar o material de leitura para evitar problemas de coluna por causa da postura;
- maior tempo para a realização de tarefas como leitura, escrita e exploração de objetos;
- necessidade de aproximação da lousa para leitura;
- realização de atividades que permitissem o descanso ocular;[4]
- compreensão, por parte dos professores, de que o tempo necessário para a realização da tarefa não deveria ser interpretado como incapacidade intelectual, mas como uma necessidade educacional especial.

Esses educandos também apresentavam em comum aspectos psicoemocionais como timidez e uma inquietação para desenvolver atividades que necessitassem de muita concentração visual como

---

4 Esse descanso era proporcionado, na escola especial, por meio da alternância de atividades de leitura e escrita, trabalhos na lousa e de artes e também solicitando que os alunos fechassem os olhos por alguns minutos para descansá-los.

A EXPERIÊNCIA COMO FATOR DETERMINANTE... 77

leitura e análise de gráficos, tabelas, mapas etc. Embora eles apresentassem características comuns, possuíam grau de visão e necessidades educacionais distintas.

＊ ＊ ＊

Aluno Pedro: adquiriu baixa visão por toxoplasmose congênita, caracterizada pela perda de visão central, que gera, por sua vez, dificuldades para ver detalhes de objetos e visualizar figuras, e cansaço dos olhos em tarefas de leitura. Esses fatores ocasionam dificuldades de concentração nas tarefas escolares e, consequentemente, inquietações expressas em atitudes como levantar da carteira constantemente, iniciar conversas fora do contexto das aulas e brincar com os objetos. O aluno muitas vezes enfrentava dificuldades na escola regular pela proibição da interrupção das tarefas escolares para descanso dos olhos e para aproximar-se da lousa para a leitura. No entanto, quando tinha essas necessidades atendidas, não apresentava dificuldades significativas de aprendizagem.

＊ ＊ ＊

Aluno Horácio: possuía baixa acuidade visual para longe e para perto, mesmo com o uso de correções ópticas especiais. Dessa forma, necessitava que as atividades escolares fossem apresentadas com letras ampliadas e reforçadas com cores fortes. Além disso, tinha dificuldades para enxergar formas, cores e tamanho de objetos grandes e pequenos, sendo que fatores como pouca luminosidade e cansaço visual aumentavam as dificuldades do aluno. Dessa forma, demonstrava dificuldades de locomoção em ambientes desconhecidos. Sua maior dificuldade na escola regular era em relação ao tempo necessário para desenvolver as atividades – o aluno necessitava de um tempo maior em relação aos alunos normovisuais, por isso, quase sempre, terminava as atividades na escola especial.

＊ ＊ ＊

78 SÍLVIA ELENA VENTORINI

Aluno Paulo: tinha problema visual degenerativo que reduz a visão ao longo dos anos. O diagnóstico médico apontava a possibilidade de o aluno ficar cego na fase adulta. Aos 13 anos de idade, necessitava que suas tarefas fossem reforçadas com cores ou traços fortes; no entanto, não apresentava dificuldades para leitura na lousa, locomoção e orientação em ambientes desconhecidos. Apesar da gravidade de sua patologia, o uso de aparelhos ópticos não minimizaria as dificuldades visuais do educando. Por ele não usar óculos, muitas vezes as pessoas não compreendiam suas dificuldades visuais.

* * *

Aluna Camila: tinha nistagmo pendular, o que lhe causava grandes dificuldades para fixar os olhos em atividades de leitura, escrita, observação de figuras, imagens etc. Cansava os olhos facilmente, necessitando interromper as atividades para descansá-los. Deslocava-se com cautela em ambientes desconhecidos. Na escola regular, não enfrentava dificuldades porque os professores respeitavam seu tempo para realização das tarefas e também para o descanso ocular.

* * *

Aluna Fabiana: tinha 10% de acuidade visual para enxergar objetos em relação a uma pessoa com 100% de visão. Isso quer dizer que para manter a distância de um objeto visto por uma pessoa com visão normal, o objeto deveria ser ampliado dez vezes. Por esse motivo, precisava que suas tarefas escolares viessem em letras ampliadas e realçadas com cores fortes. A aluna possuía também visão tubular (não enxergava o chão ao locomover-se). Na escola regular suas dificuldades eram relativas ao tempo destinado ao desenvolvimento das tarefas, e a aluna, na maioria das vezes, terminava as atividades na escola especial.

* * *

Todos esses alunos moravam com seus respectivos pais e pertenciam à classe econômica de baixa renda. Como já ressaltei, muitas são as dúvidas sobre o que são crianças com baixa visão. Minha observa-

A EXPERIÊNCIA COMO FATOR DETERMINANTE... 79

ção de campo indicou que esses educandos eram tratados pelos seus familiares, amigos e professores das escolas regulares ora como cegos, ora como pessoas sem dificuldades visuais significativas. Acredito que características psicológicas como timidez, agitação e dificuldades em relações sociais, dentre outras que observei no convívio com esses alunos, eram resultantes das dificuldades que eles encontravam para construir uma identidade como pessoas com baixa visão, não obtendo assim a compreensão, por parte das pessoas com quem conviviam, das suas reais habilidades e necessidades.

A pesquisa na escola especial

No trabalho com maquetes, na unidade especial, não segui a linha de adaptação da linguagem gráfica visual para a tátil, embora tenha utilizado normas e conceitos cartográficos e geográficos desenvolvidos para pessoas normovisuais na construção e aplicação dos conjuntos. No estudo, busquei manter nas maquetes geradas o princípio de inclusão de um espaço físico pequeno em outro maior, valorizando a importância de trabalhar com os alunos as noções de continuidade, interligação e integração entre os espaços. As atividades tiveram início com a maquete da sala de aula, seguida de outros ambientes da escola, do bairro no qual a escola especial está localizada e de locais do município de Araras.

Os materiais empregados na elaboração das maquetes tiveram como base o trabalho de Vasconcellos (1993) e Meneguette (1997). Consistem em caixas de papelão de diversos tamanhos, placas de papelão, cortiças, feltro, papéis e tecidos de diferentes texturas e cores, tintas de cores distintas e cola colorida. O material didático foi gerado ao longo da experiência de campo e é composto por mapas temáticos: planisfério físico, mapa físico do Brasil, mapas políticos da América do Sul, do Brasil e de São Paulo e o do Tratado de Tordesilhas. Maquetes táteis de ambientes da escola especial (salas de aulas, refeitório e sala dos professores), orientação pelo Sol, relevo do município de Araras, do entorno da escola, da área central e do lago municipal de Araras também compõem o conjunto.

80 SÍLVIA ELENA VENTORINI

Gerei os mapas táteis para atender à demanda escolar (escola regular), não os utilizando para o estudo sobre organização espacial dos educandos. Esse material não foi utilizado porque os exemplares representavam áreas extensas do território, na maior parte dos casos distantes do cotidiano dos alunos, e sua construção e aplicação exigiu o seguimento da adaptação da linguagem gráfica visual para a tátil, já que não existe uma linguagem gráfica desenvolvida a partir do estudo do próprio cego.

No meu estudo, parti do pressuposto de que um novo conjunto só seria iniciado após o alcance dos objetivos propostos para o conjunto anteriormente avaliado. Dentre os vários objetivos estipulados para cada conjunto e para as atividades, o objetivo comum constituiu em proporcionar um ambiente de valorização dos sentidos utilizados pelos alunos cegos e de baixa visão juntamente com os processos psíquicos superiores, ao mesmo tempo em que se forneciam dados sobre a forma de organização espacial dos educandos. O desenvolvimento e a aplicação das maquetes táteis seguiram os seguintes procedimentos:

- desenvolvimento de maquetes representando o local vivido pelos alunos cegos e de baixa visão da escola especial;
- maquetes com informações em escrita em braille e escrita convencional;
- utilização de materiais agradáveis ao toque e de cores fortes, atendendo às necessidades dos alunos cegos e de baixa visão;
- utilização de materiais com texturas e formas parecidas com os objetos representados, como tapete de borracha com textura e forma irregulares para representação de ruas de paralelepípedos, feltro para representação de vegetação rasteira e artefatos de flores de plástico para representação de árvores de pequeno, médio e grande porte;
- explicações verbais sobre as representações e características dos locais representados;
- observação por parte dos alunos da realidade e da maquete, realizada por meio da comparação/localização dos objetos nas representações e na realidade;

A EXPERIÊNCIA COMO FATOR DETERMINANTE... 81

• utilização dos mesmos materiais para os mesmos objetos em maquetes de ambientes diferentes, buscando uma padronização de materiais (são exemplos a mencionada utilização de feltro para representação da vegetação rasteira e os artefatos de flores de plástico para representação das árvores);
• respeito ao tempo e sentidos utilizados pelos alunos cegos e de baixa visão para a exploração das maquetes e dos locais nelas representados;
• respeito ao nível de conhecimento escolar, aos graus de maturidade e perda de visão, à idade em que adquiriu a deficiência e à memória visual de cada aluno;
• discussões com os alunos sobre a percepção e o conhecimento adquirido sobre o local vivido antes e depois da manipulação das maquetes táteis e da observação orientada sobre o real;
• abordagem de conteúdos de Geografia e Cartografia.

Muitas foram as atividades e os conjuntos didáticos desenvolvidos durante a pesquisa de campo na escola especial. No entanto, opto por relatar, neste trabalho, as que envolveram as maquetes das salas de aula.

No estudo realizado na escola especial, participaram da aplicação das atividades as duas professoras responsáveis pelas salas de recursos destinadas à deficiência visual. A pedagoga e especialista em educação especial Flávia Denardi Cavallari Surreição trabalhava no período da manhã na Associação dos Pais e Amigos dos Excepcionais (APAE) de Araras com alfabetização de alunos com deficiência mental e no período da tarde na escola especial com a educação dos alunos cegos. A professora Ivete Franzini Monteiro trabalhava nos dois períodos na escola especial na educação dos alunos de baixa visão. Ambas atuavam na área há mais de dez anos.

A experiência com maquetes das salas de aulas

Partindo do pressuposto de que as crianças adquirem noções espaciais por meio de ações em ambientes conhecidos, as primeiras

82 SÍLVIA ELENA VENTORINI

atividades foram realizadas com duas maquetes das salas de aulas da escola especial. Um conjunto representava a sala de aula frequentada pelos alunos de baixa visão e o outro, a sala frequentada pelos alunos cegos. As maquetes foram construídas com caixas de papelão de diferentes tamanhos, feltro, cola e pedaços de isopor.

Caixas de sapatos representavam as salas de aulas; caixas pequenas, as carteiras dos alunos, o armário e a mesa da professora. A lousa e dois quadros de cartazes foram representados por pedaços de feltro e as cadeiras por pedaços de isopor. Todas as representações foram coladas dentro da caixa de sapatos, respeitando suas devidas localizações e relação de proporção. A porta e as janelas das salas de aulas foram representadas por recortes retangulares realizados nas caixas.

Realizei duas aplicações das atividades, com clientela parcialmente modificada em função do ingresso na escola de novos alunos. Participaram da primeira aplicação das atividades os alunos cegos João (11 anos de idade),[5] Laura (10 anos) e Léo (32) e os de baixa visão Pedro (9), Horácio (8) e as professoras Flávia Denardi Cavallari Surreição e Ivete Franzini Monteiro. Posteriormente, com o ingresso na pesquisa dos alunos de baixa visão Fabiana (14), Camila (14) e Paulo (11) e do aluno cego Ivan (14) as atividades foram aplicadas novamente. Nessa nova aplicação, participaram também os alunos João, Laura e Pedro.

As atividades com esses conjuntos tinham como objetivo principal apresentar aos alunos a projeção dos objetos do local vivido para o espaço representado em três dimensões. As práticas foram realizadas em duas etapas: primeiramente, os alunos manuseavam a maquete individualmente, relacionando os objetos representados aos objetos na realidade. Para isso, caminhavam pela sala tateando os objetos reais, indicando suas localizações na maquete. Posteriormente, um objeto pequeno era escondido na maquete e um objeto similar, de tamanho maior, era escondido no ambiente da sala de aula. Os objetos escondidos estavam na mesma localização na maquete e no ambiente real.

---

5 As idades específicas dos alunos são as que eles tinham no período de desenvolvimento de cada atividade.

A EXPERIÊNCIA COMO FATOR DETERMINANTE... 83

Assim, ao explorar a maquete e localizar o objeto pequeno, descobria-se a localização do objeto grande na sala de aula.

Os objetos eram escondidos pelos próprios alunos: um aluno escondia o objeto pequeno na maquete e depois escondia o objeto grande no ambiente, no mesmo local. Um outro aluno tateava a maquete até localizar o objeto pequeno; ao localizar esse objeto locomovia-se até a localização do objeto grande na sala. Para a realização dessas tarefas, foram vendados os olhos dos alunos de baixa visão, das professoras e os meus. A venda nos olhos teve como objetivo realizar atividades de interação e lúdicas (esconde-esconde). As habilidades e dificuldades dos alunos não foram comparadas, mas analisadas individualmente para verificar quais fatores as geravam. Também não avaliei o desempenho das professoras. A participação dessas profissionais, assim como a minha, ocorreu para proporcionar aos alunos um ambiente de descontração e segurança para se deslocarem nas salas com base nas informações obtidas por meio das maquetes.

Antes de cada sujeito se deslocar até o objeto grande escondido no ambiente e após ter localizado o objeto pequeno na maquete, ele era girado pelos colegas duas ou três vezes em torno de si mesmo, para depois caminhar até o objeto no ambiente. É importante ressaltar que as ideias dessas atividades surgiram a partir da minha observação em campo da segurança e desenvoltura dos alunos para deslocar-se dentro das salas de aulas e de outros ambientes dentro da escola.

Resultado 1: descentralização do corpo como objeto de referência

Durante essas atividades constatei que as explorações das maquetes associadas aos ambientes reais permitiram aos alunos a compreensão da projeção dos objetos do local vivido para o espaço representado. O método de utilizar a maquete como material de orientação para esconder e localizar objetos na sala de aula resultou na descentralização do corpo dos alunos cegos como referência para se localizarem e se deslocarem no ambiente. Ou seja, os alunos compreenderam que

84 SÍLVIA ELENA VENTORINI

poderiam, por meio da maquete, utilizar outros referenciais sem alterar sua posição na sala de aula.

No decorrer da atividade, o processo de localização dos objetos estimulava os alunos a refletirem sobre várias questões, por exemplo: o objeto escondido no ambiente está próximo ou longe da minha posição? Se está debaixo de uma carteira, qual objeto pode ser usado como referência para localizá-lo: a mesa da professora, a lousa, a porta etc.? Esta carteira está próxima ou longe de minha posição? Os alunos também precisavam identificar se o objeto escondido estava na frente, atrás, em cima, em baixo, ao lado esquerdo ou direito de outro objeto. Antes de realizarem qualquer movimento refletiam sobre essas questões e, com base nessas reflexões, iniciavam o deslocamento pelo ambiente em direção ao objeto escondido.

As vendas nos olhos e os giros deixavam, muitas vezes, as profissionais e os alunos de baixa visão desorientados dentro do ambiente: não conseguiam reorganizar suas orientações somente pelo tato e as imagens visuais que tinham (na memória) do local, sendo necessário que alguém lhes indicasse um ponto de referência próximo aos seus corpos. Isso ocorria porque esses sujeitos não utilizam o canal visual como mecanismo de antecipação. Isso não ocorreu com os cegos que, rapidamente, tateavam um objeto na sala e reorganizavam suas localizações, pois nenhum dos mecanismos de exploração do ambiente desses educandos sofreu alteração.

Observei que o tempo, a habilidade e a confiança para desenvolver as atividades eram diferentes entre os três grupos (cegos, de baixa visão e normovisuais). Constatei que os alunos cegos realizaram a prática em um tempo menor e com mais habilidade/mobilidade e confiança, incluindo os que possuíam dificuldades de locomoção e mobilidade, mesmo quando comparados aos alunos de baixa visão nos momentos em que esses não tiveram seus corpos "girados". Constatei, ainda, que os alunos de baixa visão não se sentiram prejudicados pela venda nos olhos por causa da característica lúdica das atividades (brincar de esconde-esconde) nem por não terem sido estimuladas disputas entre os participantes em relação ao menor tempo e habilidade para o desenvolvimento das tarefas.

A EXPERIÊNCIA COMO FATOR DETERMINANTE... 85

Essa prática foi desenvolvida muitas vezes ao longo dos anos no trabalho realizado na escola, com maquetes representando ambientes distintos da unidade. As atividades eram sempre solicitadas pelos alunos ao tatearem uma nova maquete representando outro ambiente da escola. Para a compreensao de como os alunos cegos utilizam as informações recebidas no manuseio das maquetes para a descentralização do corpo como objeto de referência, faz-se necessário analisar a atividade, discutindo a capacidade perceptiva que os sujeitos cegos utilizam para antecipar a presença de objetos durante seu deslocamento.

Análise do resultado 1: capacidade perceptiva

Ao caminhar por uma área pouco conhecida, o indivíduo usa seus sentidos para antecipar a presença de objetos e estipular pontos de referências que facilitem seu deslocamento. Considerando a utilização do tato, por meio do uso da bengala pelo cego e o canal visual pelo normovisual, verificam-se diferenças quantitativas de informações captadas por cada sentido.

O normovisual, durante uma caminhada em linha reta, pode antecipar a presença de obstáculos, como árvores, postes, degraus etc até 76 metros de distância de sua localização (distância que percorre normalmente em um minuto) usando somente o canal visual. A capacidade do cego de antecipar obstáculos durante a mesma caminhada somente pelo uso da bengala é de aproximadamente um metro. Isso ocorre porque a informação da proximidade dos objetos lhe é fornecida pelo alcance da bengala. Assim, segundo Huertas, Ochaíta e Espinosa, para percorrer 76 metros em um minuto, o cego deveria antecipar um metro a cada oito segundos (1993). Para os autores, essa capacidade perceptiva durante o deslocamento em um local pouco conhecido é impossível para o cego.

A capacidade de antecipação pelos sentidos tato, audição e olfato é bem menor em relação à capacidade perceptiva da visão e sofre muito mais influências de outros objetos – por exemplo, o barulho da água de uma fonte luminosa pode ser camuflado pelos ruídos de tráfego

86 SÍLVIA ELENA VENTORINI

de veículos. Por isso, o cego tem dificuldades para descentralizar o corpo como objeto de referência na exploração de um local, mesmo que este seja conhecido. Qualquer alteração de objetos dentro de um ambiente conhecido por um sujeito cego (residência, sala de aula etc.) deve ser-lhe descrita para evitar acidentes. Objetos de uso pessoal como material higiênico, escolar, roupas etc. necessitam estar sempre em locais preestabelecidos para evitar a fadiga de explorar pelo tato repartições de móveis. Nesse sentido, qualquer mudança no ambiente requer dos cegos uma reorganização de informações e atualização de sua representação sobre o local.

Nas atividades de utilização da maquete da sala de aula para a localização de um objeto no ambiente real, a cada movimentação do objeto os alunos tinham de reorganizar as informações sobre ele, estipulando pontos de referências e refletindo sobre direções e distâncias. A procura desse objeto pela sala, sem uma informação prévia, teria tornado a atividade cansativa e sem sentido, já que os alunos cegos teriam de explorar móvel por móvel até achar, por acaso, o objeto desejado. A característica lúdica da prática contribuiu para os alunos compreenderem a utilização da maquete para diminuir o tempo e a fadiga da exploração do ambiente e para reorganizarem e atualizarem suas informações. Essas informações lhes permitiam, na ocasião, responder às perguntas surgidas sobre localização, distância e direção. O processo utilizado pelos alunos com deficiência visual para se deslocarem no ambiente com segurança era composto por cinco etapas:

1. recebiam uma informação perceptiva via tato;
2. analisavam e organizavam a informação recebida, tendo como base suas percepções;
3. recorriam aos dados armazenados em sua memória sobre o local;
4. elaboravam um plano de ação cruzando a informação obtida na maquete com aos dados armazenados em sua memória;
5. iniciavam o deslocamento em direção ao objeto.

Quando uma pessoa cega se desloca por um lugar, a informação perceptiva que recebe, muitas vezes não é suficiente para a realização de um deslocamento seguro, então o indivíduo tem de recorrer a certos

A EXPERIÊNCIA COMO FATOR DETERMINANTE... 87

conhecimentos armazenados em sua memória. Esses conhecimentos foram adquiridos em experiências anteriores e são facilitadores da exploração de ambientes (Huertas et al., 1993). Huertas, Ochaíta e Espinosa indicam que Hill e Ponder (1976) propuseram cinco processos cognitivos relevantes para a orientação e mobilidade dos cegos. O primeiro refere-se à percepção, que capta informações do local por meios dos sentidos olfativo, auditivo e tátil. Os dados são analisados e organizados em categorias segundo sua consistência, facilidade, intensidade etc, configurando o segundo processo cognitivo.

O terceiro processo consiste em selecionar na memória os dados relevantes para a exploração do local e formação de uma imagem mental. O quarto processo consiste na elaboração de um plano para as ações que serão realizadas no espaço a ser percorrido. A duração desse processo, assim como a maior ou menor facilidade com que são realizadas as ações planejadas, depende tanto das habilidades e dificuldades do sujeito quanto das características físicas do local.

A venda nos olhos dos alunos de baixa visão e das profissionais foi um obstáculo aos mecanismos perceptivos de antecipação de informações. Ao tatearem a maquete recebiam via tato uma informação; depois analisavam-na, organizavam-na e elaboravam um plano de ação com base na experiência visual e tátil sobre o local.

O quinto processo, como mencionado, consiste no deslocamento em direção ao objeto. Ao iniciar o deslocamento, o plano falhava porque o canal visual estava limitado, e a experiência tátil não era suficiente para deslocarem-se com segurança, principalmente quando tinham seus corpos "girados".

A análise geral dessa atividade indica que os alunos cegos e de baixa visão conseguiram compreender a utilização da maquete como facilitadora para antecipação perceptiva de obstáculos, de localização de objetos e de utilização de outros referenciais que não fossem sua posição na sala para explorarem o ambiente. Constatei também que as habilidades e tempos diferentes dos participantes foram ocasionados pelo grau de conhecimento de cada aluno sobre o ambiente, de facilidade ou dificuldade para mobilidade e orientação e de desenvolvimento da percepção tátil. Por exemplo, dentre os alunos cegos, João foi o que

88 SÍLVIA ELENA VENTORINI

apresentou menor dificuldade para realizar a tarefa e o aluno Ivan o que apresentou maior dificuldade.

João frequentava a escola há oito anos, por isso se deslocava com muita habilidade nesse ambiente. Possuía, ainda, ótima percepção tátil – explorando a maquete e os objetos no ambiente com rapidez, em relação aos outros alunos cegos. Ivan frequentava a escola há menos de um ano e estava em processo de estimulação de desenvolvimento tátil e de aprender a realizar as atividades da vida diária sem o canal visual, e por isso necessitava de mais tempo para elaborar os cincos processos acima descritos para se deslocar no ambiente com segurança.

Já as dificuldades dos alunos de baixa visão foram geradas pela limitação do uso do canal visual. No entanto, a atividade contribuiu para que eles refletissem sobre as localizações, distâncias e direções dos objetos representados nas maquetes. Ressalto que houve estimulação do uso do canal visual e do tato pelos alunos de baixa visão na atividade de exploração individual da maquete, relacionando-a ao ambiente real. Nessa atividade, esses educandos compreenderam a representação de um local em uma maquete.

O estímulo para os alunos cegos usarem suas percepções para explorar a maquete e obter informações sobre o lugar vivido e a característica lúdica da atividade de esconder e localizar objetos permitiram que eles compreendessem a representação do ambiente em um documento cartográfico e estimularam-nos a elaborar representações de outros ambientes.

Resultado 2: representações construídas pelos alunos com deficiência visual

No trabalho realizado na unidade especial, os alunos cegos João, Laura, Léo e Ivan e os de baixa visão Pedro e Horácio, estimulados pelas atividades com as maquetes das salas de aulas, elaboraram representações por meio de organização configuracional ou por organização de rotas e contendo informações atributivas (que se referem às relações particulares que sujeitos possuem com os locais, como destacado por Huertas et al., 1993). A figura 5 ilustra três maquetes representando o mesmo ambiente. O conjunto *a* foi montado pela aluna cega Laura (dez anos de idade), o *b* pelo aluno de baixa visão Pedro (nove anos) e o *c* pelo aluno Horácio (nove anos). Os conjuntos foram montados individualmente e em horários diferentes, porém com extrema semelhança, comprovando que os alunos de baixa visão e a aluna cega possuíam uma organização espacial integrada dos objetos dentro do ambiente vivido.

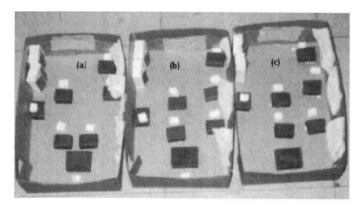

Figura 5 – Maquetes das salas de aulas da escola especial.
As maquetes foram montadas pela aluna cega Laura (a), por Pedro (b) e por Horácio (c).

As atividades envolvendo maquetes da sala de aula da escola especial estimularam, ainda, o aluno João (11 anos de idade) a elaborar representações de outros ambientes. Após as atividades com a maquete da sala de aula da escola especial, o aluno elaborou, primeiramente, a representação da sala de aula da escola regular que frequentava (figura 6). Posteriormente construiu a maquete da sala e elaborou uma nova representação desse ambiente (figura 7). O estudo das duas representações indica a evolução do aluno ao representar todas as carteiras com retângulos ou quadrados (figura 7), diferentemente do realizado antes do contato com o processo de construção da maquete da sala de aula,

90 SÍLVIA ELENA VENTORINI

quando a maior parte das carteiras desenhadas tinham forma irregular, quase circular (figura 6).

Nas representações do aluno, observa-se harmonia na distribuição espacial e relação de proporção entre os objetos. Ainda estimulado pelas atividades de maquetes e elaboração de representações mentais, João construiu a representação de seu quarto, na qual também verifiquei o respeito às localizações, distâncias, proporções e formas dos objetos (figura 8).

O aluno Ivan construiu em casa, com a ajuda do pai, a maquete do seu quarto. O conjunto era rico em detalhes, como as representações das lâmpadas e do teto do quarto, apontando a valorização das imagens visuais que possuía do ambiente antes de perder a visão. O educando salientou que o auxilio do pai para a montagem da maquete consistiu em manipular objetos cortantes como tesoura e estilete para construir detalhes das representações. O aluno levou o conjunto para a escola regular e explicou para os colegas de classe a distribuição dos objetos que compunham esse ambiente.

Os resultados indicam, ainda, que a falta de exploração do local pode limitar os alunos com deficiência visual, principalmente os cegos, a representarem ambientes somente por organização de rotas. Durante as atividades com maquetes das salas de aulas, o aluno cego Léo (33 anos de idade) não apresentava dificuldades para construir a representação da sala de aula que frequentava na escola especial. No entanto, o aluno afirmou não possuir informações suficientes para elaborar a representação da sala de aula frequentada por ele em uma escola regular.

Léo explicou que na escola regular, sempre sentou na primeira carteira, próximo à porta e à mesa da professora e, ao contrário do que ocorria na escola especial, não explorava os objetos. Assim, sua carteira, a mesa da professora e a porta eram os únicos objetos da sala de aula que conhecia ou explorava, e por isso não possuía uma representação mental de todo o ambiente, mas apenas da porta à sua carteira, passando pela mesa da professora. Nesse caso, a representação do aluno foi por rota, sendo: o ponto de partida, a porta; o ponto de chegada, sua carteira; e a mesa da professora o objeto localizado entre os dois pontos.

A EXPERIÊNCIA COMO FATOR DETERMINANTE... 91

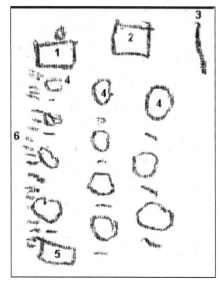

Figura 6 – Representação do aluno João antes da construção da maquete

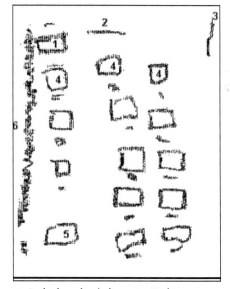

Figura 7 – Representação do aluno depois da construção da maquete

Legenda: 1) mesa da professora, 2) lousa, 3) porta, 4) fileiras das carteiras, 5) armário, 6) janelas.
Obs.: em cada carteira sentavam-se dois alunos, por isso há poucas carteiras na sala

Figura 8 – Imagem mental do quarto elaborada pelo aluno João
Legenda: 1) porta, 2) beliches e 3) guarda-roupa.

Outros dados indicando a importância da exploração do ambiente para a construção de representações por organização configuracional foram coletados quando solicitei aos alunos que representassem lugares visitados por eles na cidade de Araras e que gostariam que fossem representados em uma maquete tátil. As representações elaboradas são da mesma área – Praça Barão de Araras – e foram elaboradas pelos alunos cegos João (13 anos de idade) e Laura (12 anos) e os de baixa visão Horário e Pedro (ambos com 10 anos).

O educando João explicou que sempre percorria a pé o perímetro dessa praça e deslocava-se de ônibus até o local, onde descia no ponto localizado na própria praça (indicado pelo número 1 na figura 9). Depois caminhava pelo seu entorno, retornando ao ponto de ônibus. Quando questionado sobre os objetos existentes no centro e no entorno do local como a Casa da Cultura, fonte luminosa, banheiro público, agências bancárias etc., o aluno concordou que sabia que eles existiam, porém não os havia explorado, por isso não conhecia suas características nem localizações. As informações que obtinha sobre esses objetos eram descrições verbais oriundas de conversas com amigos, professores e familiares.

A representação do aluno (figura 10) expressa a rota que seguia, na qual há um ponto de partida (ponto de ônibus), um ponto de chegada (ponto de ônibus) e objetos encontrados no caminho: árvores, calçada e ruas. Destaco que os objetos intermediários foram identificados pela experiência vivida, por exemplo, a sensação da sombra das árvores, o caminhar sobre a calçada e o tráfego intenso de veículos no entorno da praça, que indicava ao aluno o sentido percorrido pelos veículos. Esses dados foram informados pelo próprio aluno ao término da elaboração da representação da área. Outra importante característica da imagem mental do aluno refere-se à representação das diferenças de distância existentes entre as laterais da praça – a praça ocupa uma área de 210 por 90 metros. Ela é retangular: uma forma bem definida na imagem mental do educando. A figura 9 ilustra parte da área central da cidade de Araras e a área representada pelo aluno.

1 ponto de ônibus

■ Área da praça representada pelo aluno João

Figura 9 – Parte da área central de Araras
Fonte: Banco de dados Prefeitura Municipal de Araras-SP

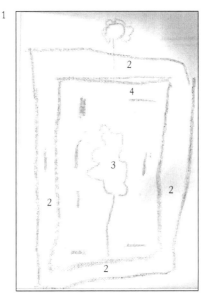

Figura 10 – Representação da imagem mental do aluno João da praça central de Araras
Legenda: 1) área da praça, 2) ruas, 3) árvores e 4) ponto de ônibus

A representação da aluna cega Laura em muito difere da elaborada pelo aluno João. Isso ocorreu porque as vivências dos alunos no local eram distintas: a aluna visitava a área semanalmente para frequentar a missa aos domingos na Igreja Matriz, localizada nessa praça. Após a missa, a aluna caminhava até a sorveteria, do outro lado da rua, próxima à Igreja. A figura 11 ilustra a representação mental da educanda sobre o caminho percorrido da Igreja até a sorveteria e os objetos encontrados ao longo do trajeto.

Na representação elaborada por Laura, constata-se a perda das características das formas dos objetos, causada pela necessidade de integração sucessiva de percepções por meio do tato: os objetos representados são grandes, portanto não é possível para a aluna explorá-los por inteiro para compreender suas formas. No entanto, a falta de forma deixa de ter importância quando se verifica a sequência lógica na representação. Essa sequência indica que a aluna tem plena noção do trajeto que faz e dos objetos que encontra durante o caminho, ou seja, há uma organização espacial de rota dos objetos, embora eles

A EXPERIÊNCIA COMO FATOR DETERMINANTE... 95

não tenham formas definidas e não estejam organizados dentro de uma área limite.

Figura 11– Representação da imagem mental da aluna Laura da praça central de Araras
Legenda: 1) igreja, 2) escada, 3) jardim, 4) rua, 5) calçada, 6) sorveteria

Os alunos de baixa visão Horácio e Pedro elaboraram representações, desconsiderando as relações de proximidade e distância, localização, forma e tamanho dos objetos. As representações têm cores fortes e características influenciadas pela mídia (figuras 12 e 13): o aluno Horácio representou o prédio da agência bancária Banespa de Araras (letra *a* da figura 13) com características do prédio da agência mostradas nas propagandas da empresa; a cor utilizada para pintar a vegetação (letra *b* da figura 13) foi a azul clara, que o aluno acreditava ser a verde. Em diálogo com o educando, constatou-se que sua vivência na área era pouca e que a visitava com a mãe, cliente da agência Banespa e também da loja Cem.[4] A representação do aluno Pedro possui as mesmas características da representação de Horácio. Não há representação de proximidade ou distância entre os objetos, assim como de outros objetos existentes entre eles. Constatei que o aluno valorizou os objetos existentes dentro dos ambientes representados: na representação da agência Banespa, representou o caixa eletrônico, e na da loja das Casas Bahia, os móveis.

Figura 12 – Representação da imagem mental do aluno Horácio da praça central de Araras

Figura 13 – Representação da imagem mental do aluno Pedro da praça central de Araras

Os resultados apresentados são semelhantes aos alcançados por Huertas, Esperanza e Espinosa (1993) e Ungar, Blades e Spencer (1996) em suas pesquisas. Esses autores concluíram que crianças e adolescentes representam por organização configuracional os ambientes pequenos e conhecidos e por organização de rotas os ambientes maiores e dos quais têm menor vivência. Nesse sentido, os resultados desta pesquisa vão de encontro à afirmação desses autores: que a compreensão de como os sujeitos cegos formam suas impressões sobre os locais pode ajudar a melhorar a qualidade dos documentos cartográficos táteis.

Análise do resultado 2: organização espacial dos alunos com deficiência visual

Como já discutido, ao deslocar-se por um local a pessoa cega armazena em sua memória informações perceptivas que recebe do ambiente e, sempre que necessário, utiliza-as para explorar outros locais e formar suas impressões sobre os espaços. A formação dessas impressões tem relação direta com as experiências do sujeito.

As representações dos alunos João, Laura, Pedro e Horácio são resultado de suas relações multidirecionais que envolvem as relações sociais, afetivas e cognitivas que os alunos mantinham nas áreas representadas. Além disso, suas representações contêm informações atributivas e expressam aspectos de distância funcional e de localização dos objetos.

A análise das representações em três dimensões da sala de aulas construídas pelos alunos Laura, Horácio e Pedro e do quarto de dormir elaborada pelo aluno Ivan indica que eles possuíam uma organização espacial integrada desses ambientes e expressaram a relação de distância e de localização dos objetos que os compunham. Durante a montagem das maquetes da sala de aula, constatou-se que a possibilidade de os alunos Pedro, Horácio e Laura explorarem objetos com os quais mantinham pouco contato, como o armário e os quadros de cartazes, facilitou a realização da tarefa. Ressalto, ainda, que busquei não influenciar nas representações desses educandos, orientando-os a explorarem os objetos no ambiente por meio de seus sentidos, caso ocorressem dúvidas.

Na análise da representação do aluno Ivan, constatei a influência da memória visual do ambiente: essa influência expressou-se nos detalhes representados na maquete, assim como na explicação verbal do aluno sobre o ambiente – houve valorização principalmente das cores em detrimento das texturas dos objetos. Essa valorização pode ter resultado do auxílio recebido do pai, que pode ter usado o canal visual como meio de mediação. Ao mesmo tempo, por possuir uma boa memória visual, verifiquei que o aluno compreendia características como cores, distância euclidiana e relação de proporções dos objetos.

98 SÍLVIA ELENA VENTORINI

A verificação ocorreu por meio da explicação verbal do educando sobre seu quarto.

Na análise das duas representações da sala de aula elaboradas pelo educando João – antes e depois da construção da maquete – constatei que ao manipular as miniaturas das carteiras o aluno recebeu uma informação via tato, cruzou-a com os dados que detinha em sua memória sobre esses objetos e atualizou os dados sobre as formas das carteiras. Em diálogo com o educando, verifiquei que a lousa, o armário, a porta e as janelas não eram muitos explorados por ele, mas apenas conhecidos, diferentemente das carteiras e da mesa da professora, que usava como pontos de referências para localizar-se no ambiente. Em relação à aquisição de formas dos objetos em sujeitos cegos para formação de imagens mentais, Ochaíta e Espinosa afirmam:

> O tato permite uma coleta de informações bastante precisa sobre os objetos próximos, mas é muito mais lento que a visão e, por isso, a exploração dos objetos grandes é fragmentária e sequencial. Assim, por exemplo, enquanto um vidente pode ter a imagem de uma mesa grande que vê pela primeira vez com três ou quatro "golpes de vista", um cego para ter acesso à imagem da mesa terá de explorá-la muito mais lentamente e, depois integrar estas percepções sucessivas em uma imagem total. (2004, p.151)

Na integração sucessiva de percepções em uma imagem total, a pessoa cega pode perder características das formas dos objetos. No entanto, João, ao construir a maquete da sala de aula da escola regular, recebeu a informação via tato da forma das carteiras, analisou a informação e cruzou-a com as impressões que obtinha sobre o ambiente representado, atualizando os dados sobre a forma das carteiras. No entanto, por não possuir muitas informações sobre a forma da lousa, do armário, da porta e das janelas, a manipulação de miniaturas foi insuficiente para o aluno atualizar seu conhecimento sobre as formas desses objetos. Embora não representasse suas formas, João utilizouse de símbolos (linhas) para representar suas localizações, respeitando suas distâncias funcionais. Um objeto como o quadro de cartazes não foi representado, pois o aluno não mantinha contato direto com tal

A EXPERIÊNCIA COMO FATOR DETERMINANTE... 99

objeto. Ochaíta e Espinosa (idem) e Huertas, Esperanza e Espinosa (1993) afirmam que a familiaridade que um cego tem com os objetos no seu entorno tem sido considerada um fator primordial para os pesquisadores compreenderem as diferenças entre as representações dos indivíduos.

A análise das representações elaboradas pelo aluno João (da sala de aula, do quarto do aluno e da praça de Araras) reforça a afirmação da importância da compreensão da experiência para a elaboração de representações de sujeitos cegos. Na sala de aula, João representou as carteiras no mesmo plano do chão (vista de cima); no seu quarto, os móveis rebatidos sobre o plano do chão; a praça, conservando as perspectivas de projeção das ruas e de perímetro da praça (vista de cima) e as árvores rebatidas sobre o plano da praça. A hipótese que levanto é que o aluno representou os objetos com base na posição em que os explorava com as partes de seu corpo. As carteiras, por terem a parte de cima explorada por suas mãos, e o chão da praça e de seu quarto de dormir, por serem explorados pelos seus pés, eram representados em ponto de vista vertical (vista de cima). Já os beliches, o guarda-roupa e as árvores da praça foram representados rebatidos sobre o chão, por serem explorados horizontalmente por suas mãos. As árvores eram percebidas, também, pelo frescor de suas sombras.

Na representação da praça, João utilizou símbolos para representar os objetos pouco conhecidos, como o desenho de suas árvores de tamanho e forma distintas, para representar árvores e arbustos existentes no local, e linhas (traços) para indicar que no centro da praça existem objetos. Outro tipo de análise refere-se à representação das distâncias entre os objetos e de suas proporções. Como já foi discutido, o cego tem dificuldades para compreender distâncias euclidianas; no entanto, tem facilidade para compreender a funcional, que considera os obstáculos e o tempo do percurso. Minhas experiências práticas e teóricas indicaram que o aluno formou a imagem mental retangular da área pelo tempo ou quantidade de passos que necessitava para percorrer cada lateral do local. Em diálogo com o aluno e com sua professora na escola especial, verifiquei que o educando não teve acesso a nenhum tipo de documento cartográfico sobre essa área que pudesse informar-lhe a

100 SÍLVIA ELENA VENTORINI

forma do perímetro. A vivência no local considerando os obstáculos e o tempo necessário para percorrer cada lateral da praça foram os fatores que lhe transmitiram a forma do perímetro dessa área.

Na análise da representação da aluna Laura sobre a praça central, também constatei dificuldades para representar as formas dos objetos, por serem eles grandes, dificultando a integração sucessiva de percepção. No entanto, é importante ressaltar que a educanda buscou representar três degraus sobrepostos – um em cima do outro – em um plano abaixo da frente da Igreja, representando a Igreja rebatida sobre os degraus, indicando a declividade do terreno (a Igreja localiza-se em uma altitude maior em relação aos outros objetos, como a rua, o jardim e a calçada). A não delimitação de uma área para os objetos é compreensível, já que informações obtidas pelos sentidos auditivo e olfativo lhe indicavam que a área ultrapassava a escala do percurso que a aluna realizava. A aluna explicou que ouvia cantos de pássaros, ruídos de veículos e conversas de pessoas, assim como sentia o aroma de diversos alimentos como pipocas e lanches.

A análise das representações dos alunos de baixa visão Pedro e Horácio indica que seus graus de visão não eram suficientes para ajudá-los a elaborarem esquemas mentais dos ambientes reais, recebendo influências de outros fatores como imagens divulgadas pela mídia.

Como ressalto na apresentação das características dos alunos de baixa visão, eles tinham dificuldades visuais para enxergar formas, cores e tamanhos de objetos pequenos e grandes, e fatores como pouca luminosidade e cansaço visual agravavam essas dificuldades. Em atividades de elaboração de representações dos ambientes da escola como as salas de aulas e refeitório, os educandos de baixa visão não demonstraram dificuldades para realizar representações. No entanto, quando as áreas representadas começaram a ultrapassar a escala dos locais internos da escola especial, verifiquei as dificuldades em representá-las. A experiência prática com esses educandos indica que suas capacidades visuais eram suficientes para visualizarem formas e tamanhos de objetos como móveis, mas eram insuficientes para observarem formas e tamanho de objetos como prédios, casas, estabelecimentos comerciais etc. A análise dos resultados indica, ainda,

A EXPERIÊNCIA COMO FATOR DETERMINANTE... 101

que os alunos de baixa visão só conseguiram representar objetos que exploravam em conjunto com os sentidos visual e tátil.

A análise geral das representações dos alunos com deficiência visual indica que as maquetes lhes permitiram a compreensão de como representar, em uma folha de papel ou por meio da construção de uma maquete, o conjunto de objetos que formam um ambiente pequeno ou uma rota. Nesse sentido, concluo que as atividades com as maquetes e a análise não comparativa de resultados permitiram constatar que esses educandos possuem organização espacial de locais vividos e que a *experiência* (direta e indireta) é um fator determinante para a formação de seu entendimento sobre esses ambientes. Concluo, ainda, que a segurança dos alunos em expressar seu conhecimento sobre os locais com os quais mantêm relações foi resultado dos métodos e do material didático que valorizou a utilização de suas experiências sensoriais juntamente com os processos psíquicos superiores.

Conclusões

A idealização deste estudo surgiu a partir do acompanhamento das atividades dos educandos com deficiência visual na Escola Especial de Araras, estado de São Paulo. A orientação e mobilidade dos alunos cegos dentro e fora da unidade especial despertaram em mim o interesse em entender como eles percebiam e organizavam seu espaço, como relacionavam a localização de um objeto à de outro dentro de um ambiente. Despertaram, ainda, reflexões sobre como esses alunos poderiam utilizar material cartográfico tátil, em especial maquetes táteis, para ampliarem seus conhecimentos. A experiência prática instigou reflexões sobre as percepções e formas de organização do espaço do grupo de alunos, embasadas também no que as pesquisas da temática divulgam sobre a capacidade de pessoas com deficiência visual de perceber e organizar os objetos no espaço, assim como de compreender documentos cartográficos.

A vivência na escola especial com o desenvolvimento de procedimentos de construção e aplicação de maquetes táteis, envolvendo o local vivido dos alunos, incentivou a construção de um diálogo crítico e conflituoso com a literatura de diversas áreas. Em minha concepção, a teoria conflitava com a prática porque as percepções e organizações espaciais de indivíduos dotados de visão são diferentes daquelas desenvolvidas pelos cegos. Por isso, um grupo não pode ser referência

104 SÍLVIA ELENA VENTORINI

para a compreensão da percepção e organização espacial do outro. Além disso, a adaptação de material didático de cartografia para esse grupo não consiste simplesmente em substituir cores por texturas ou efetuar contornos em relevo ou inserir informações em braille, assim como a abordagem de conteúdos de Geografia e cartografia ensinados para cegos e indivíduos de baixa visão não pode ter como referencial a percepção e organização espacial de pessoas que enxergam. Nesse sentido, estas reflexões resultaram na busca de um referencial teórico que considerasse a *experiência* como um fator determinante nas relações dos deficientes visuais com o espaço.

O objetivo que se delineou para o trabalho foi investigar como as pessoas deficientes visuais organizam os objetos no espaço e quais estratégias usam para constituir suas representações. O termo *representação* foi usado considerando que cada indivíduo tem suas próprias percepções e modos de organizar suas representações sobre o espaço geográfico e não deve ser entendido ou analisado sob regras e conceitos da ciência cartográfica, sendo que os produtos desta última devem proporcionar ao indivíduo informações que possibilitem adquirir conhecimentos novos sobre o espaço em que vive e atua.

Portanto, os documentos cartográficos táteis gerados durante a pesquisa foram utilizados em atividades cujo objetivo central era compreender e respeitar os mecanismos que os alunos cegos, de baixa visão e normovisuais usam para perceber, entender e organizar o espaço.

A análise dos resultados desta pesquisa indica que as formas de organização do espaço nos sujeitos deficientes visuais trazem as marcas de suas experiências. Por isso, organizam o espaço expressando rotas ou ambientes dos quais possuem significativa vivência. Suas representações trazem *informações atributivas* que se referem às suas relações particulares e, ainda, informações comuns como as localizações e características físicas dos objetos. O conceito de distância para os cegos é adquirido pela experiência, considerando o tempo e os desvios encontrados em um trajeto de um ponto a outro. A análise também indica que a informação que é relevante para uma pessoa normovisual pode não ser importante para uma pessoa cega.

As atividades com as maquetes das salas de aulas permitiram aos deficientes visuais compreender como representar, em uma folha de papel ou por meio da construção de uma maquete, o conjunto de objetos que formam um ambiente pequeno ou uma rota. Assim, concluo que as atividades com as maquetes e a análise *não comparativa* dos resultados permitiram constatar que esses educandos possuíam organização espacial de locais vividos e que a *experiência direta* (generalização dos dados sensoriais) e a *experiência indireta* (abstração) são fatores determinantes para a formação de seu entendimento sobre esses ambientes.

Concluo ainda que é importante que os pesquisadores que desenvolvem material didático tátil, em especial os geógrafos e cartógrafos, procurem compreender como ocorrem os desenvolvimentos motor e cognitivo nos cegos e as relações deles com a percepção, organização e representação espacial partindo da própria cegueira, sem compará-los com os alunos dotados de visão.

REFERÊNCIAS BIBLIOGRÁFICAS

ALMEIDA, A. R. D. *Do desenho ao mapa*: iniciação cartográfica na escola. São Paulo: Contexto, 2001.

ALMEIDA, L. C. & LOCH, R. E. N. Mapa tátil: instrumento de inclusão. In: XXII CONGRESSO BRASILEIRO DE CARTOGRAFIA E SIMPÓSIO DE GEOTECNOLOGIAS PARA O PETRÓLEO. *Anais...*, 22, 2005, Macaé, RJ. p.1-8.

ALMEIDA, R. A. & TSUJI, B. Interactive mapping for peolpe who are blind or visually impaired. In: TAYLOR, D. R. F. (Ed.). *Cybercartography*: theory and practice. Amsterdã: Elsevier, 2005. p.411-31

AMIRALIAN, M. L.T.M. *O psicodiagnóstico do cego congênito*: aspecto cognitivos. São Paulo, 1986. Dissertação (Mestrado em Psicologia) – Instituto de Psicologia, Universidade de São Paulo.

_____. *Compreendendo o cego*: uma visão psicanalítica da cegueira por meio de desenhos-estórias. São Paulo: Casa do Psicólogo, 1997.

_____. Sou cego ou enxergo? As questões da baixa visão. *Revista Educar*, Curitiba, n.23, p.15-28, 2004.

BATISTA, C. G. Formação de conceitos em crianças cegas: questões teóricas e implicações educacionais. *Psicologia*: teoria e pesquisa, Brasília, v.21. n.1, p.7-15, 2005.

BLANCO, F. & RUBIO, M. E. Percepción sin visión. In: ROSA, A. & OCHA-ÍTA, E. (Org.). *Psicología de la ceguera*. Madri: Alianza Editorial, 1993.

BRASIL. Ministério da Educação. *Programa de capacitação de humanos do ensino fundamental – deficiência visual*. Brasília. Secretaria de Educação Especial. v.1. Disponível em: <www.mec.gov.br>. Acessado em 10 out. 2006.

108 SÍLVIA ELENA VENTORINI

CAIADO, K. R. M. *Aluno deficiente visual na escola:* lembranças e depoimentos. 2.ed. Campinas: Autores Associados, 2006.

CAMPIN, B. et al. SVG maps for people with visual impairment. In: SVG OPEN CONFERENCE. Jul. 2003. p.1-10. Disponível em: http://www.svgopen. org/2003/papers. Acessado em 12 ago. 2005.

CARVALHO, K. M. M. et al. *Visão subnormal:* orientações ao professor do ensino regular. 3.ed. rev. Campinas: Unicamp, 2002.

CHEVIGNY, H. Apresentação. In: CUTSFORTH, D. T. *O cego na escola e na sociedade:* um estudo psicológico. Brasília: Campanha Nacional de Educação dos Cegos, 1969.

COLL C., MACHESI, A., PALÁCIOS, J. *Desenvolvimento psicológico e educação:* transtornos de desenvolvimento e necessidades educativas especiais. 2 ed. v.3. Trad. Fátima Murad. São Paulo: Artmed, 2004.

COSTA, J. A. & MELO, A. S. *Dicionário da Língua Portuguesa.* 5.ed. Porto: Porto Editora, sd.

COULSON, M. R. Tactile-map output fron geographical information systems: the calleng and its importance. *Geographical information systems.* INT, J. v.5, n.3, p.353-60. 1991.

CUTSFORTH, D. T. *O cego na escola e na sociedade:* um estudo psicológico. Brasília: Campanha Nacional de Educação dos Cegos, 1969.

D'ARCE FILETTI, C. R. G. Modelo pedagógico de apoio ao ensino de cartografia: elaboração e funcionalidade. *Revista Geonotas.* 7, n.1, 2003. Disponível em: <www.dge.uem.br//geonotas>. Acessado em 18 fev. 2004.

DIAS, M. E. P. *Ver, não ver e conviver.* Lisboa: Secretariado Nacional para a Reabilitação e Integração das Pessoas com Deficiência, 1995.

ESPINOSA, M. A. et al. Comparing methods for introducing blind and visually impaired people to unfamiliar urban environments. *Journal of environmental psychology.* Academic Press. n.18, p.277-87, 1998. Disponível em: <www. sagepub.com/cgi/alerts>. Acessado em jan. 2007.

FANELLI, J. R. S. *Um estudo sobre o autoconceito e a escrita de alunos com deficiência visual.* Campinas, 2003. Dissertação (Mestrado em Educação) – Faculdade de Educação, Universidade de Campinas.

FLORESTA ESTADUAL EDMUNDO NAVARRO DE ANDRADE PAULISTA. In: ALMEIDA, R. D. (Coor.). *Atlas municipal escolar geográfico, histórico e ambiental de Rio Claro.* Rio Claro: Fapesp/Prefeitura Municipal/ Unesp, 2001. p.86-7.

FONSECA, R. A. *Formas de percepção espacial por crianças cegas da primeira série do ensino fundamental da Escola Estadual São Rafael.* Minas Gerais, 1999.

A EXPERIÊNCIA COMO FATOR DETERMINANTE... 109

Dissertação (Mestrado em Geografia) – Instituto de Geociências, Universidade Federal de Minas Gerais.

FONTANA, R. A. C. A elaboração conceitual: a dinâmica das interlocuções na sala de aula. In: SMOLKA, A. L. B. & GÓES, M. C. R. (Orgs) *A linguagem e o outro no espaço escolar:* Vygotsky e a construção do conhecimento 4 ed Campinas: Papirus, 1995.

HUERTAS, J. A., OCHAÍTA, E., ESPINOSA M. A. Movilidad y conocimiento espacial en ausencia de la visión. In: ROSA, A. & OCHAÍTA, E. (Org) *Psicología de la ceguera.* Madri: Alianza Editorial, 1993.

JACOBSON, D. *Talking tactile maps and environmental audio beacons:* an orientation and mobility development tool for visually impaired people. Institute of Earth Studies University of Wales Aberystwyth. p.1-22, 1999. Disponível em: <http://www.cs.unc.edu/>. Acessado em 1 jul. 2005.

JAMES, G, A. Mobility maps. In: SCHIFF, W. & FOULKE, E. (Ed.). *Tactual perception:* a sourcebook. Cambridge: Cambridge University Press, 1982. p.334-61.

JEHOEL, S. et al. *A scientific approach to tactile map design:* the minimum elevation of tactile map symbols. In: INTERNATIONAL CARTOGRAPHIC CONFERENCE, 22. Coruña: International Cartographic Association, 2005.

_____. An empirical approach on the design of tactile maps and diagrams: the cognitive tactualization approach. *British journal of visual impairment,* v.24, n.2, 2006. Disponível em: <www.sagepub.com/cgi/alerts>. Acessado em jan. 2007.

LADUA, S. & WELLS, L. Merging tactile sensory input and audio data by means of the talking tactile tablet. p.1-10. Disponível em: < www.eurohaptics.vision. ee.ethz.ch/2003/56.pdf >. Acessado em 10 jul. 2005.

LEWIS, V. *Desarrollo y déficit:* ceguera, sordera, déficit motor, síndrome de Down, autismo. Barcelona: Paidós Ibérica, 1991.

LURIA, A. R. *Pensamento e linguagem:* as últimas conferências de Luria. Porto Alegre: Artes Médicas, 1986.

MENEGUETTE, A. A. C. Construção de material didático tátil. *Revista de Geografia e ensino.* Belo Horizonte v.6, n.1, p.58-9, 1997.

MENEGUETTE, A. A. C. & EUGÊNIO, A. S. Iniciação cartográfica de préescolares e adolescentes portadores de deficiência visual. *Revista de Geografia e ensino.* Belo Horizonte, v.6, n.1, p.62-4, 1997.

MENEGUETTE, A. A. C. & MÁXIMO, M. A. Z. Décimo aniversário da sala de recursos para deficientes visuais da EEPG Profa. Maria Luiza Formosinho

110 SÍLVIA ELENA VENTORINI

Ribeiro de Presidente Prudente. *Revista de Geografia e ensino*. Belo Horizonte, v.6, n.1, p.60-1, 1997.

MERLEAU-PONTY, M. *Fenomenologia da percepção*. São Paulo: Martins Fontes, 1994.

MORAES, M. Cegueira e cognição: sobre o corpo e suas redes. *Revista de antropología iberoamericana*. Madri. p.1-13, 2005. Disponível em: <www.aibr. org>. Acessado em 15 ago. 2006.

MULFORD, R First words of the blind child. In: SMITH, M. D. & LOCKE, J. L. (Eds.). *The emergent lexicon*: the child's development of a linguistic vocabulary. Nova Iorque: Academic Press, 1988.

OCHAÍTA, E. Ceguera y desarrollo psicológico. In ROSA, A. & OCHAÍTA, E. (Org). *Psicología de la ceguera*. Madri: Alianza Editorial, 1993.

OCHAÍTA, E. & ESPINOSA, M. A. Desenvolvimento e intervenção educativa nas crianças cegas ou deficientes visuais. In: COLL. C. et al.. *Desenvolvimento psicológico e Educação*: transtornos de desenvolvimento e necessidades educativas especiais. 2.ed, v.3. São Paulo: Artmed, 2004.

OLIVEIRA, J. P. & MARQUES, S. L. Análise da comunicação verbal e não verbal de crianças com deficiência visual durante interação com a mãe. *Revista brasileira de Educação especial*, Marília, v.11, n.3, p.409-28, 2005.

PIKE at al. A comparison of two tipes of tactiles maps for blind children. *Cartographical*. v.29, n.3 e 4, p.83-8, 1992.

PORTO, E. *A corporeidade do cego*: novos olhares. Piracicaba: Unimep/Memnon, 2005.

REILY, L. *Escola inclusiva*: linguagem e mediação. Campinas: Papirus, 2.ed., 2006.

REY, L. *Dicionário de termos técnicos de medicina e saúde*. 2.ed. São Paulo: Guanabara Koogan, 2003.

ROSA, A. & OCHAÍTA, E. (Org.). *Psicología de la ceguera*. Madri: Alianza Editorial, 1993.

_____. Introducción. ¿Puede hablarse de une psicología de la ceguera? In: _____. *Psicología de la ceguera*. Madri: Alianza Editorial, 1993.

ROSA, A., HUERTAS, J. A., BLANCO, F. Psicología de la ceguera y psicología general. In: ROSA, A. & OCHAÍTA, E. (Org.). *Psicología de la ceguera*. Madri: Alianza Editorial, 1993.

ROSSI, D. R. *Deficiência visual*: desafios para o ensino de Geografia em sala de aula. Porto Alegre, 2003. Dissertação (Mestrado em Geografia) – Universidade Federal do Rio Grande do Sul.

SANTIN, S. & SIMMONS, J.N. Problemas das crianças portadoras de deficiência

A EXPERIÊNCIA COMO FATOR DETERMINANTE... 111

visual congênita na construção da realidade. *Revista Benjamin Constant*. Rio de Janeiro, n.2, p.4-12, 1996.

SENA, C.C.R.G & CARMO, W.R. Produção de mapas para portadores de deficiência visual da América Latina. In: *Anais do X encontro de geógrafos da América Latina*. 10. São Paulo: Universidade de São Paulo, 2005, p.13988-14002.

SILVA LEME, M. E. *A representação da realidade em pessoa cega desde o nascimento*. Campinas, 2003. Dissertação (Mestrado em Educação). Faculdade de Educação Universidade de Campinas.

SOLER, M. A. *Didáctica multisensorial de las ciencias: un nuevo método para alumnos ciegos, deficientes visuales y también sin problemas de visión*. Barcelona: Paidós Ibérica, 1999.

SOUZA, A. D., BOSA, C. A., HUGO, C. N. As relações entre deficiência visual congênita, condutas do espectro do autismo e estilo materno de interação. *Revista de estudos de Psicologia*, v.22, n.4, p.355-364, 2005.

TATHAM, A. F. The design of tactile maps: theoretical and practical considerations. In: CONFERENCE MAPPING THE NATION, 15, Bournemonth, v.1, p.157-66, 1988.

_____. Cómo confeccionar mapas y diagramas em relieve. *Los ciegos en el mundo*. Madri: Unión Mundial de Ciegos. p.30-4, 1993.

UNESCO. *Declaração de Salamanca e linhas de ação sobre necessidades educativas especiais*. Brasília: Corde, 1994. Disponível em: <http://www.direitoshumanos.usp.br/documentos/>. Acessado em 4 mar. 2003.

UNGAR, S. Blind and visually impaired people using tactile maps. *Cartographie perspectives*, p.4-12. 1988.

_____. Cognitive mapping without visual experience. In: KITCHIN, R. & FREUNDSCHUH, S. (Ed.). *Cognitive mapping*: past, present and future. Londres: Routledge, 2000. Disponível em: <www.psy.surrey.ac>. Acessado em 10 dez. 2006.

UNGAR, S., BLADES, M., SPENCER, C. The construction of cognitive maps by children with visual impairments. In: PORTUGALI, J. (Ed.). *The construction of cognitive maps*. Kluwer Academic Publishing, p.247-73, 1996. Disponível em: <www.psy.surrey.ac> Acesso em 10 dez. 2006.

_____. Can a tactile map facilitate learning of related information by blind and visually impaired people? A test of the conjoint retention hypothesis. In: ANDERSON, M. et al.(Eds.). *Diagrammatic representation and reasoning*. 2001. Disponível em: <www.psy.surrey.ac>. Acessado em 10 dez. 2006.

UNGAR, S., SIMPSON, A, BLADES, M. Strategies for organising informa-

112 SÍLVIA ELENA VENTORINI

tion while learning a map by blind and sighted people. In: HELLER, M. & BALLASTEROS, S. (Eds.).. *Touch, blindness and neuroscience.* Madri: Universidad Nacional de Educación a Distancia. 2004. Disponível em: <www. psy.surrey.ac>. Acessado em 10 dez. 2006.

VASCONCELLOS, R. A. Tactile graphics in the teaching of geography. In: INTERNATIONAL GEOGRAPHICAL CONGRESS, 27. Washington, p.639-64. 1992.

_____. *Cartografia e o deficiente visual:* uma avaliação das etapas e uso do mapa. 2v. São Paulo, 1993a. Tese (Doutorado em Geografia) – Faculdade de Filosofia, Letras e Ciências Humanas da Universidade de São Paulo.

_____. Representing the geographical space for visually handicapped students: a case study on map use. In: INTERNATIONAL CARTOGRAPHIC CONFERENCE, 16. v.2, Colônia, p.993-1004, 1993b.

_____. Tactile mapping design and the visually impaired user. In: WOOD, C. H. & KELLER, P.C. (Org.). *Cartographic design:* theoretical and practical perspectives. Chichester: J. Wiley, 1996.

VEIGA, J. E. *O que é ser cego.* Rio de Janeiro: J. Olympio, 1983.

VYGOTSKY, L. S. *A construção do pensamento e da linguagem.* Trad. Paulo Bezerra. São Paulo: Martins Fontes, 2000.

WARREN, D.H. *Blindness and early childhood development.* Nova Iorque: American Foundation for the Blind, 1977.

_____. *Blindness and children:* an individual differences approach. Cambridge: Cambridge University Press, 1994.

WIEDEL, J. W. & GROVES, P. Tactual mapping: design, reproduction, reading and interpretation. College Park: University of Maryland. 1972a.

_____. Tactual mapping: design, reproduction, reading and interpretation. *Occasional papers in Geography.* University of Maryland, n.2, mar. 1972b.

SOBRE O LIVRO

Formato: 14 x 21 cm
Mancha: 23,7 x 42,5 paicas
Tipologia: Horley Old Style 10,5/14
Papel: Offset 75 g/m² (miolo)
Cartão Supremo 250 g/m² (capa)
1ª edição: 2009

EQUIPE DE REALIZAÇÃO

Coordenação Geral
Marcos Keith Takahashi

Mais uma novidade da
Bandeirantes : QR Code

Se você não possui o leitor de QR Code, acesse o site: http://get.beetagg.com, fotografe ou filme o código acima e entre no mundo digital da Bandeirantes.